EVEILS MARITIMES

Pascale van Schendel

EVEILS
MARITIMES

© 2024 Pascale van Schendel
Édition : BoD • Books on Demand GmbH,
In de Tarpen 42, 22848 Norderstedt (Allemagne)

Impression : Libri Plureos GmbH, Friedensallee 273,
22763 Hamburg (Allemagne)

Illustration : © Florence Verrier

Impression à la demande
ISBN : 978-2-3225-5070-8
Dépôt légal : octobre 2024

Préambule

Comme beaucoup d'adolescents, je tenais un journal intime. De seize à vingt-deux ans, je lui ai confié mes états d'âme, mes interrogations et mes réflexions. Et, parfois, les mots se transformaient en poèmes.

J'ai ensuite arrêté d'écrire pendant plus de trente ans. Je n'étais plus seule, et je n'en ressentais plus le besoin. Écrire davantage m'est apparu vain.
Et puis le quotidien s'est accéléré, avec ce métier de professeur, dont je n'avais d'abord pas voulu, qui me ressemblait si peu, mais dans lequel je me suis engagée avec toute mon énergie, et que j'ai fini par choisir, avec passion.
Il y a eu surtout mes trois enfants, et ils sont le plus beau cadeau que la vie ait pu me faire. Je n'ai pas écrit la longue et douce attente, dans la chaleur de mon ventre. Je n'ai pas écrit le moment de la rencontre, quand leur petit corps était enfin posé sur ma peau. Je n'ai pas écrit le bonheur de les voir grandir, jour après jour, année après année, de les découvrir si différents et leur donner aussi un peu de moi.
Je n'ai pas écrit durant toutes ces années, parce que la vie valait mieux que des mots.

J'ai fait la connaissance de milliers d'élèves, auxquels j'ai essayé de transmettre ce en quoi je croyais. La poésie. La tolérance. Le sens de la vie. La liberté.

J'ai corrigé des milliers de textes qui n'étaient pas les miens. J'ai encouragé à participer à des concours d'écriture, à ma place. J'ai donné la parole, j'espère avoir assez écouté.

A quel moment aurais-je dû comprendre que je courais sur un chemin qui n'était plus le mien ? Pourquoi n'ai-je pas voulu entendre les signaux d'alarme de mon corps ? Quelles erreurs ai-je commises ?

Je ne regrette aucun de mes choix. J'ai aimé ma vie, aussi imparfaite fût-elle. Mais aujourd'hui, me voilà forcée d'arrêter de courir. Je peux enfin me donner le temps de plonger à l'intérieur de moi-même.

J'ai relu avec bonheur ce que j'avais écrit dans ma jeunesse. J'ai redécouvert celle que je ne suis plus. Et que je suis toujours encore, évidemment. Celle que j'avais oubliée.

Je crois que j'avais besoin de ces retrouvailles, et elle aussi. Elle avait besoin que je lui dise mon amour, que je lise ses textes et lui dise que je les apprécie.

Elle se rêvait écrivaine, il était temps que je le lui permette.

Seize ans

Portrait

Un mélange de rêve et de fantaisie
Un cœur prêt à se donner
Deux grands yeux étonnés
Et une âme comme un soleil

Un pierrot bizarre
Une marionnette qui ne connaît pas son maitre
Un peu timide
Assez pour se faire oublier
Une poupée qui pleure en riant
Et qui rêve à la lune

Tu es tombée amoureuse pour la première fois.

C'est comme un tsunami : tu ne peux plus t'empêcher de penser à lui, tu t'es embarquée sur les montagnes russes des émotions fortes. Et pourtant, il ne t'a jamais parlé, et même, il a accepté de sortir avec une autre ! Pendant les récréations, tu interprètes le moindre de ses regards comme un aveu, le moindre geste comme une intention à ton égard. Tu te construis tout un roman, dans ta tête et dans ton cœur, entre Les Hauts de Hurlevent et Jane Austen.

En lisant ce portrait que tu as rédigé dans ton journal intime, je souris. Je te trouve bien naïve, tellement « fleur bleue ». Tu rêves de l'amour comme d'un absolu, et tu as trouvé la seule manière de le vivre à la perfection : en imagination. Tu as des trésors de tendresse à partager, et tant d'attentes à combler. Mais tu ne regardes pas les gentils garçons qui t'entourent, qui pourraient être plus que des amis. Non, tu veux le plus beau, le plus inaccessible. Avec lui, tu peux tout imaginer.

Tu aimes « la musique, la poésie, et tout ce qui est romantique ». Entre le rêve et la réalité, ton choix est fait. Le monde t'appartient.

Rêves dorés
Matin chagrin
Tout s'en va
L'enfance meurt

Tu as seize ans aujourd'hui, et tu sens ta vie basculer, inéluctablement. Entre tristesse et solitude, la mue est douloureuse. Mais elle te laisse entrevoir une lumière nouvelle, exaltante.

Il aurait mieux valu ne pas oublier l'or de tes rêves.

Le monde meurt
Et pousse un dernier cri
Je marche dans la nuit
Je suis tranquille,
Et mon cœur s'endort,
Tout doucement

Tu le savais : ton univers, c'est celui de la nuit, du rêve, de la poésie. Cette réalité est la plus forte, et je souffre aujourd'hui de l'avoir trop longtemps oublié.

Parfois il m'arrive de penser
Aux grandes œuvres qu'un homme peut réaliser,
A tout l'amour qu'il peut partager,
Au bonheur qu'il peut donner.

Et puis…
Et puis je regarde autour de moi.
Souvent j'ai cru avoir trouvé,
Toujours je me suis trompée.

Alors, je suis rentrée chez moi,
J'ai fermé la porte.
En écoutant un disque, je me suis couchée,
Et je crois bien avoir pleuré

Mais je sais qu'un jour je trouverai,
Et jamais, jamais je ne cesserai d'espérer.

Parfois il m'arrive d'y penser

Tes rêves d'adolescente aspiraient également à l'action, au partage. A l'aube de ta vie, tout était encore confus, mais ton espoir si puissant !

Je pense ne pas t'avoir trop déçue. Sans le savoir, ta voix restait gravée dans mon oreille, mais la redécouvrir aujourd'hui me rappelle cette promesse que tu as faite il y a presque quarante ans. Je te fais le serment de ne plus l'oublier.

C'est comme un bateau qui coule,
Un dernier cri avant la déchirure,
Un train qui s'en va, mais démarre très doucement.

Ce n'est plus la même chose,
Il manque une ardeur,
Un désir brûlant,
Un bonheur et une tristesse bien marqués.
Pourquoi ?
J'aimerais tant l'aimer à nouveau,
Que tout soit comme avant.
Je n'évoque plus son visage avec bonheur,
Je ne m'en donne même plus la peine.

Une tristesse infinie,
Envie de dormir,
La mélancolie, sournoise et profonde,
S'installe dans chaque partie de mon corps.

Quelque chose s'agite en moi,
Et ne se décide pas à pleurer.

Tu étais submergée par le sentiment amoureux, et ton cœur aveugle se dilatait jusqu'à étreindre les étoiles. Mais ton rêve s'est brisé en se heurtant à la réalité. A présent, c'est le spleen de Baudelaire que tu ressens dans chaque fibre de ton âme.

Je ne peux pas m'empêcher de trouver de la beauté dans tes vers, même au coeur de la tristesse. Les années qui nous séparent créent la distance permettant de l'apprécier.

Si le silence et la solitude
Te font peur,
C'est que ta vie ne t'appartient pas.

Non, tu ne donnes pas de leçon. Tu te parles à toi-même, sans le savoir. Tu te sens si seule que tu as parfois envie de hurler. Et si tu t'es mise à aimer à la folie, c'est pour ne pas voir le vide qui se creuse en toi.

Tu voudrais quelqu'un qui t'écoute, qui te comprenne, qui t'aime. Mais tu ne te comprends pas toi-même.

Tu rêves d'un monde de confiance, de douceur, de compréhension. Et ton cri se perd dans le désert.

Tu as peur, ta raison chavire.

Celle que je suis aujourd'hui te regarde avec tendresse. Je pense que je commence à te comprendre, et tu m'aides, aujourd'hui, à y voir plus clair.

Tu te rêvais poète, mais tes vers sont restés enfermés dans un carnet. Ils me rappellent maintenant à l'essentiel.

Un soir, au clair de lune,
Une ombre m'est apparue,
Fuyante dans le noir,
Elle disparut aussitôt.
Mais doucement elle m'avait dit :
« Rêve, ma douce enfant.
Bientôt tu m'oublieras,
Mais ton rêve survivra. »

Après les tourments, le calme s'installe. Tu as le sentiment de reprendre possession de toi-même, et l'espoir renait. Tu te sens la force de créer un monde : le chemin de ta vie s'ouvre devant toi.

Tu oublieras ce visage qui t'avait hantée, mais tu n'es déjà plus tout à fait la même.

Tout me semble morne et gris
Je dépéris tout doucement
Dans ce monde où je m'ennuie
J'arracherai ce masque exigeant.

Par hasard, j'ai entrevu le fond de mon âme
J'en garde un souvenir trop amer
Je veux retrouver ces fantasmes
Car ma vérité s'y trouve prisonnière.

Pour mon amour, à jamais,
Le monde entier retentira de mon cri.
Et enfin je rejoindrai
Ce qui sera ma Vraie Vie.

En classe, soit tu rêvais, soit tu écrivais des poèmes, comme celui-ci.

Et dire que j'ai passé plus de trente ans à me battre pour que mes élèves écoutent mes cours ! L'adolescente que tu étais en aurait été révoltée.

Tu sentais bouillir au fond de toi une énergie, une tendresse à dévorer le monde, et le moindre sourire te faisait chavirer. Les désillusions n'en étaient que plus cruelles, et le quotidien redevenait une triste farce où tu avais du mal à tenir ton rôle.

Tu le savais, les majuscules n'appartiennent pas à ce monde prétendument réel.

Il y a des voix qui rassurent,
Douces et chaudes dans un murmure.
Il y a des regards qui consolent,
Qui rassurent et qui cajolent.

La poésie, comme une langue maternelle, comme une enfance enfouie, comme un souvenir presque oublié.

Un soir   Un matin
Tendres souvenirs
des joies passées...

Le temps du bonheur s'écoule à une vitesse folle

« Ô Temps, suspends ton vol ! »
Sans le connaître vraiment, tu réinventes le romantisme, tu vis au diapason de la nature, tu trouves le temps cruel et assassin. Le passé est un refuge tendre et doux, dans lequel tu contemples la Beauté.

Si le présent se traine, et si le futur n'a rien d'éblouissant, reste le passé.

Pauvre petite Antigone, qui rêves d'absolu. Aveuglée par la lumière de tes rêves, tu ne vois plus que du gris autour de toi. Tu as sans doute trop d'imagination.

Il est si doux de rêver à ce qui aurait pu être, en pensant que cela était possible, en oubliant toutes les raisons pour que cela ne soit pas…

J'aime redécouvrir tes états d'âme, je les trouve attendrissants. Mais je découvre ce mot terrible : honte ! Tu as honte de ce que tu ressens, de ce que tu inventes. Heureusement, tu continues à écrire, parce que tu aimes ça, et parce que tu te sais sincère. Mais tu te juges très sévèrement, en invoquant la folie ou la bêtise. Ce lecteur imaginaire de ton journal intime, c'est toi aussi, évidemment, mais tu ne le sais pas.

Sans le savoir, c'est à moi que tu fais le plus beau cadeau, tu m'offres ton adolescence, tes rêves et tes désespoirs. Tu vivais encore, cachée tout au fond de moi, et aujourd'hui je peux enfin chasser ce juge intérieur. Ces poèmes que tu cachais, je veux les montrer, parce qu'ils sont beaux et sincères. Je suis fière de toi.

Dix-sept ans

Que de choses se sont passées pendant ce mois, qui ont tout bouleversé. J'ai retrouvé la confiance en moi, je veux dire, j'ai retrouvé la terre ferme.

En juillet, il m'arrivait souvent d'avoir le « vertige » : comme si tout était vide en moi. Toutes les peurs revenaient d'un coup, et, prédominante, celle de la mort. Mon imagination inventait des choses horribles, la vie perdait sa stabilité, et se mettait à tanguer dangereusement.

J'avais l'impression que toute notre vie, nous marchions sur une planche large d'un mètre, et que certains ne se souciaient pas du gouffre de mille mètres en dessous de la planche, parce qu'ils avaient des murs sur les côtés pour cacher. Ils faisaient la traversée sans encombre. Les plus fantastiques étant évidemment ceux qui n'avaient pas besoin de murs, et qui gardaient leur sang-froid. Ceux-là étaient hors de tout danger. Puis il y avait ceux qui avaient le vertige, qui se raidissaient, qui hésitaient à marcher, et puis qui, même à l'abri des murs, gardaient leur vertige en souvenir du gouffre. Enfin venaient ceux que le vertige rendait malades, et qui finissaient par tomber.

Et cette force que j'ai retrouvée, elle m'est venue de cette colonie musicale. Au début, j'avais encore un peu le tournis, mais peu à peu je l'ai oublié, puis je me suis étonnée et réjouie de l'avoir perdu. Ça fait du bien de se sentir les deux pieds sur terre, avec une volonté ferme de mener bien droits ses sillons !

A dix-sept ans, tu expérimentes l'effroi de Pascal : « Le silence éternel de ces espaces infinis m'effraie ».

Avec l'enfance qui s'éloigne, les certitudes s'effondrent, et apparait, hideuse et grimaçante, la dure réalité de la mort.

Je sais qu'il faut vivre, parce que des assassins sont en train de nous préparer une saloperie de guerre. Je sais que de toute façon, on n'est jeune qu'une fois, et je sais aussi que peut-être nous mourrons tous dans quelques années. Les jeunes de 1981 n'ont plus d'avenir. Je me dis souvent que c'est vraiment ridicule de faire des projets d'avenir, à la limite même, de faire des études, parce que jamais on ne nous laissera les finir.

Après le gouffre noir, après avoir regardé la mort et avoir eu ce vertige, il faut en venir à l'équilibre : il faut concentrer le bonheur. S'il ne nous reste que peu de temps, et bien, profitons-en. C'est absurde aujourd'hui de prendre des dispositions pour notre vieillesse : nous ne vieillirons jamais.

Alors, l'année prochaine, si je suis encore là, si la guerre n'est pas encore là, je courrai avec des étudiants que je connaitrai, parce qu'alors je ferai vraiment partie de Louvain-la-Neuve[1].

Et je courrai en rond, avec des autres jeunes, des jeunes au présent, et pas à l'avenir, des jeunes pour l'éternité, des jeunes pour l'infini …

---

[1] il s'agit des 24h de Louvain-la-Neuve, course et fête annuelle sur le site universitaire

Le danger d'une guerre nucléaire était-il si réel en 1981 ? Chaque génération semble trébucher sur des raisons de désespérer, et celles d'hier n'étaient pas rien. Aujourd'hui, le dérèglement climatique et la perte de la biodiversité semblent menacer la survie de l'espèce humaine. Je ne dois pas oublier qu'il y a quarante ans, le spectre nucléaire nous condamnait au même désespoir.

Mais bon Dieu pourquoi toujours la guerre ? Alors qu'il y a tant moyen de donner à manger à tous. Le bonheur serait-il relatif, et faut-il être malheureux pour après le connaître ? Peut-être que si on était tout le temps heureux, on ne s'en rendrait plus compte.

Peut-être est-ce en l'homme. Il y aura peut-être toujours des guerres. Ce qu'il faut, c'est ne pas y penser. Croire que la mort, ce n'est rien. Après tout, n'est-ce pas ceux qui restent qui souffrent le plus ? Ce qui est affreux, c'est de perdre ceux qu'on aime. Il faudrait pouvoir être dur, libre de tout sentiment. Mais alors, ce n'est plus la peine de vivre. Ce serait si beau, si on pouvait vivre éternellement, au Paradis ! J'ai du mal à y croire.

On se dit tous les jours qu'on croit fermement à Dieu, et on y croit. Mais un jour, on se rend compte qu'à force de se le répéter, on ne s'est même pas rendu compte que c'était fini.

Finies, les grandes certitudes de la Profession de Foi. Je ne renie pas Dieu, loin de là, mais je me permets de douter.

Ce que je mets tout de suite de côté, c'est l'Église et sa hiérarchie. Les ecclésiastiques sont des gens fantastiques, mais je ne pense pas qu'il soit donné aux humains de décider d'un intermédiaire entre Dieu et eux. Si Dieu nous aime tous, il nous parle à chacun, et pour prier, pas besoin d'un curé.

Mais pour prier, il faudrait être sûr que quelqu'un écoute de l'autre côté.

Et si les hommes avaient inventé Dieu ? S'il n'était que le fruit de leur peur du néant ? La science avance de plus en plus, et on voudrait pouvoir la stopper, pour encore croire.

Pourquoi Dieu aurait-il peuplé une planète et pas une autre ? Et dans quel but ? Si Dieu est là, je comprends qu'il ne peut pas exister seul : puisqu'il est Amour, et que l'amour tout seul, ça n'existe pas, il faut bien créer quelqu'un pour l'aimer. Sans les hommes, Dieu n'existe pas.

J'ai du mal à croire, mais j'ai aussi du mal à rejeter quelqu'un qui existe peut-être.

Et s'il est là, et qu'il m'écoute, qu'il me pardonne. Et si je meurs sans la certitude de le revoir, qu'il m'accepte avec lui.

Mais j'espère que j'arriverai à croire de nouveau. Croire, et l'espérance est gagnée, on est moins fragile. Mieux vaut croire, si cela rend moins malheureux ?

Si le bonheur existe dans ce monde, le malheur y a aussi sa place : cette découverte que tu expérimentes à dix-sept ans est effrayante, et la fuite est bien tentante. « Il faudrait être dur, libre de tout sentiment ». Oui, pour éviter de souffrir, il faudrait renoncer à être vivant ! Je le sais aujourd'hui, la réalité est faite d'ombre et de lumière, et la paix ne viendra qu'en acceptant cette dualité.

Et pourtant, tu n'arrêtes pas de penser, d'utiliser ta raison, en désespérant d'atteindre « Dieu », l'indicible, l'infini. La science contre la religion, la logique contre la croyance. Tu n'as qu'une connaissance bien limitée de la spiritualité, une vision traditionnelle et simpliste, transférant des caractéristiques humaines sur ce qui nous échappe. Tu es tentée par le pari pascalien, sans le savoir. « Mieux vaut croire, si cela rend moins malheureux ? »

Pauline[2] sera écrivain. Elle a réussi à se faire écouter, et elle a partagé avec ses mots ce qu'elle ressentait de plus profond.

Puissé-je jamais réussir cela, et enfin pouvoir espérer accéder à une vie telle que je la rêve : faire partager ma vie, la communiquer, et réchauffer par mes livres tous ceux qui m'écouteront.

Quelle émotion de lire ce projet, et de me dire qu'il n'est pas trop tard pour le réaliser, même si quarante ans ont passé. J'ai beaucoup écouté, il est enfin temps qu'on m'entende.

J'oserai dévoiler tes textes, j'en suis fière. Et je continuerai à écrire, parce que j'aime cela. Je m'autoriserai dorénavant à publier mes écrits : j'ai enfin compris que ma voix compte dans le monde, elle en fait partie, elle est aussi indispensable que toutes les autres.

---

[2] Il s'agit de l'héroïne créée par Janine BOISSARD dans le roman *L'esprit de famille*

Parlons de Dieu.

A force d'écouter les cosmologues, les physiciens, on finirait par croire qu'il n'y a place que pour toute cette matière et que l'homme n'est qu'un accident de la nature. Halte ! Stop !

Écouter de la musique qui craque, lire des bouquins géniaux, voir la puissance de l'amour : il y a quelque chose en plus que toute cette matière ! Les sentiments, l'intelligence, la conscience de nous-même, enfin, tout cela ne peut pas être né de la matière. Pour cela, il y a Dieu. Dieu a créé l'homme, il lui a fait des jouets merveilleux : le bonheur, l'intelligence, la conscience. L'Église, c'est autre chose. L'Église, c'est ce que les hommes ont fait de Dieu. Et je ne leur fais pas confiance. D'ailleurs, ils ne sont jamais d'accord.
Ensuite, parlons de la mort. Ou plutôt, n'en parlons pas. Elle viendra de toute façon trop tôt, et se porte très bien. Pas besoin qu'on s'occupe d'elle.

Je sais que c'est s'aveugler que de ne voir que le bonheur et ne pas penser qu'on peut ne pas être en bonne santé. C'est marcher sur sa passerelle en fermant les yeux, pour ne pas avoir le vertige. Il serait infiniment mieux de regarder l'abime, et d'en rire. Mais je crois qu'il faut vraiment avoir connu le malheur pour cela. Comme Martin Gray.

Pour l'instant, je me saoule de bonheur. J'essaye de coller les débris des autres bonheurs autour de moi. Je me fais une immense réserve de souvenirs. Au cas où tout craquerait.

Mais aujourd'hui, la vie est belle !

Et que je suis égoïste de ne pas penser à ceux qui sont dans le malheur. A ceux qui sont seuls, qui ont froid et faim. Égoïste, égoïste, égoïste !!! J'ai beau me le répéter, je ne me rends compte de rien, et je continue à être heureuse.

Bravo ! Tu fais enfin confiance à ce que tu ressens, à ce que tu expérimentes. Tu t'abandonnes à ce qui te dépasse. Les moyens d'atteindre ce bonheur ne varient pas : musique, littérature, amour. Tu choisis la vie en refusant la peur, tu danses sur ta passerelle, tu t'autorises à être heureuse par toi-même. Non, ce n'est pas de l'égoïsme, c'est du bon sens, je l'ai trop longtemps oublié.

J'en appelle à tous les hommes
Les femmes et leurs enfants,
Tous ceux qui vivent ici
Ailleurs et à l'infini.

J'en appelle aux temps heureux,
Joies, amours et amitiés.
J'en appelle à la tristesse,
La tendre mélancolie.

A travers la musique
Qui chavire dans mon cœur,
A travers toute beauté
Et l'infinie splendeur

J'ai enfin reconnu Dieu.

Quel que soit le nom utilisé, que ce soit Dieu, Allah, Brahma ou tout simplement la Vie, l'expérience est la même : à travers notre expérience humaine, l'indicible nous appelle, le mystère se révèle à nos yeux.

Sur un rayon bleu
L'enfant du hasard
Ouvrant ses grands yeux
Ne voyait le soir

Les cheveux au vent
La musique en soi
Il chassait le temps
Du bout de ses doigts

Et sans regarder
Il allait courant
Foulait de ses pieds
Les fleurs couleur sang

Les éclaboussures
Le tâchaient un peu
A travers nos murs
Nous sentions ses yeux

Pureté trempée
Dans la boue épaisse
Riait sans pitié
De notre détresse

C'est en chevauchant
Parmi les tombes
C'est en gagnant
Sa propre honte

Qu'il se découvrit
La peur du néant
Criant dans la nuit
Criant dans le vent

Et l'enfant colombe
Répandant ses pleurs
Vieillit sur sa tombe
En comptant les heures

J'aime beaucoup ce poème, j'en ai toujours gardé le souvenir. Je me souviens qu'il a été travaillé, contrairement à ce qui jaillissait de manière brute dans ton journal intime. Le contrôle se situait au niveau de la forme, et les mots se sont imposés d'eux-mêmes. Tu ne comprenais pas tout à fait le sens de ce que tu avais écrit, et aujourd'hui je savoure ce cadeau.

Je crie pour tous les moments
Intenses de sentiments,
Qu'ils soient réels ou rêvés,
Et trop vite oubliés.

La vie doit nous entrainer
Comme la réalité.
Les essences du bonheur,
Petit flacon dans mon cœur.

Flacon du rêve, brisé,
Ton parfum s'évanouit ;
Fumée dans l'azur glacé.
S'envole le Paradis.

Je pleure. Les bonheurs perdus
M'abandonnent loin de leurs ciels.
Vainement, et comme un fou,
L'esprit cherche l'irréel.

La nuit, tes rêves t'entrainent dans un autre monde, plus vaste, plus intense, et le retour à la prétendue réalité est douloureux. Tu gardes la nostalgie de cet infini, comme un trésor.

Il ne faut pas se laisser « adultiser ». Je me rends compte à présent que j'ai tendance à accepter la sécurité, les barrières ; je consens peut-être trop à me laisser enfermer dans une tendresse qui ne fait qu'élever des barrières. Je sais que ce ne doit pas être facile d'être parent. Peut-être réagirai-je aussi ainsi ? Sûrement, qui sait, puisque c'est en fait la réaction normale de tous les parents, et qu'en fait, on trouverait peut-être intolérable qu'ils n'aient pas cette réaction.

Ils nous aiment et nous protègent, veulent nous tracer un chemin tout droit, sans embûches. Ils se sacrifient pour nous donner les moindres détails. Mais ils ne se rendent pas compte qu'ils nous enferment dans leur amour, et nous donnent dans nos corps bouillonnants de jeunesse des esprits d'adultes.

Ils ne vivront pas notre vie. Ils voudraient pourtant que l'on puisse profiter de toutes leurs expériences. Ils ne se rendent pas compte que ce qui a de la valeur pour eux n'en a pas pour nous. Ils ont acquis, à travers leur vie, une maturation.

Ils sont mûrs, c'est-à-dire sages. Ils ont vu et ils savent. Et ça leur crève les yeux, tout cela est tellement évident que nous devons l'accepter et l'assimiler.

Non !! A dix-sept ans, on a encore toute une vie de gaffes devant soi, et d'expériences à en tirer. On vit sa vie, après tout, et pas celle des autres.

Ils voudraient nous dresser un mur contre toutes les embûches, toutes les souffrances et tous les malheurs. Mais sans doute est-ce cela l'amour, et seulement cela ? Je me rends bien compte que je suis en train de juger, durement. Pardon, mais ça fait du bien de se décharger le cœur de temps en temps. Et peut-être que j'exagère, après tout.

Mais tout cela est vrai. Aussi vrai que j'aime avoir ma mère qui me soigne et me dorlote quand je suis malade, que j'aime avoir mon père qui me serre dans ses bras, et que j'aime entendre leur voix au téléphone quand je suis loin d'eux.

Qu'il est étrange de te découvrir adolescente, jugeant tes parents et choisissant la révolte, alors que j'ai maintenant vécu ce rôle d'adulte face à mes enfants. Je dois avouer que je t'avais oubliée ! A mon tour, j'ai cherché à exorciser ma peur en protégeant à outrance, et aimer c'était aussi cela.

Aujourd'hui, je t'ai retrouvée, et je ris de nous voir si proches, si lointaines.

Concert de Francis Cabrel

En le regardant, sur cette si petite scène, et en l'entendant dire que les églises étaient vides, je me suis dit que l'homme était bien seul. Et qu'il se consolait avec les autres hommes.

Solitude des hommes.
La matière n'existe pas seule. Ce qui importe en fait est ce qui dépasse cette matière. Et rien ne me prouve que ce soit Dieu.
Les hommes sont perdus dans l'univers, ils sont si seuls. Et ils cherchent, et ils trouvent : que ce soit Dieu, ou la musique ou la poésie. Alors ils se rendent compte de l'infinité des choses, ils crient leur impuissance et leur délire. La musique éclate et les paroles se font plus douces. Dans une phrase ou un accord, tout l'infini…

Alors, il y a ceux qui restent sur leur chaise. Qui se distraient de 20h30 à 23h, et qui font attention de ne pas laisser tomber leurs affaires de leurs genoux. Qui se disent que ça fait beaucoup de bruit, et qui se demandent pourquoi ce guitariste saute et balance la tête.
Il y a ceux qui, en voulant se sécuriser, se sont laissé enfermer.

Il y a ceux qui sont contents parce qu'ils ont obtenu l'argent et le confort. Leurs enfants ont eu une bonne instruction, une bonne éducation, bref, ils n'ont manqué de rien.

Ils les ont entourés de coton, astiqués et fait briller. Et ils pensent que cela suffit. Ils oublient qu'ils ont été jeunes. Mais peut-être ne l'ont-ils jamais été ? Et ils ont peut-être réussi à voler cette jeunesse à certains, en en faisant des gens « comme il faut », qui réussiront, qui auront une femme, des enfants, et une pension. Ceux-là font déjà attention à ne pas se faire remarquer, à être efficaces et utiles, à marcher au pas des petits soldats de bois ! A se laisser enfermer dans les choses !

Ils ne connaissent pas l'envers du décor.
Le temps qui s'arrête.
La logique qui s'enfuit.
La raison qui s'envole.

Ils regardent le journal télévisé, et se disent que tout va mal. Qu'il y aura sans doute la guerre.

Et à trop regarder la mort, ils la cultivent et la soignent.

A force de regarder leur montre, et à force de sentir malgré tout leur cœur battre, ils ne se rendent pas compte qu'ils sont déjà morts avec le temps qui passe.

Au-delà des paroles, la musique dit l'indicible, et la raison, vaincue, creuse sa propre tombe.
Vertige de l'infini.

Antonin Artaud[3]

Antonin Artaud me regarde. Il est presque de dos, et son visage est tourné vers moi ; il me regarde. Et moi, je ne peux plus cesser de fouiller dans son regard. Il me bouleverse et m'attire. Il m'envoute, plutôt. Il m'ensorcelle.

Antonin Artaud a de fines lèvres. Ses sourcils sont épais. Ses cheveux plutôt longs et en broussaille sont rejetés derrière. Il a les joues creuses. Il a l'air triste, ou plutôt grave. Je ne sais pas pourquoi il me considère comme cela. Peut-être en sait-il long sur mon compte. Et peut-être est-ce cela qui le rend triste. Qu'a-t-il vu au bout de la nuit ? Quels monstres a-t-il découverts ? Il me fixe ; peut-être me juge-t-il.

Je ne peux pas détacher mes yeux de ses yeux. Je ne peux pas détacher ses yeux de mes yeux. J'ai le souffle coupé, et ma tête commence à tourner. Il a le regard de celui qui sait. Et il est seul, solitaire avec sa vérité.

La lumière lui a brulé les yeux. Elle lui a rongé le cerveau. Le soleil a tué Icare. Antonin Artaud est fou.

---

[3] photo d'Antonin Artaud, par Man Ray

Mais il sait. Il a découvert des domaines dont nous ne pouvons pas avoir idée.

Il nous regarde, et il a pitié. Je ne sais pas si je dois me sacrifier à cette photo ou la déchirer. Peut-être vaut-il mieux fermer le livre.

Je n'y arrive pas.

Ton âme en quête d'infini a croisé le regard d'un voyant.
Tentation de la folie, de la connaissance ultime.
Choisir la vie est un renoncement.

Le soir, dans mon lit, je bâtis des aventures complexes, qui sombrent dans mon sommeil. Et là, que se passe-t-il ? Aucune idée. Si : une toute, toute petite. Le vague souvenir, au petit matin, au réveil brusque. Le souvenir que dans les rêves, on touche à un bonheur infini, mais inconscient. Donc inutile. Il ne reste au réveil qu'un peu de poudre dorée de ce grand soleil qu'on ne peut pas voir.

Pendant la nuit, je change de personne. Je le sais, parce que quand je me réveille, j'ai la nette impression de me faufiler dans ma peau, de revenir dans mon personnage de tous les jours. Et c'est toujours avec un immense regret. Parfois, j'arrive à me maintenir entre deux eaux, mais cela ne dure jamais, parce qu'il faut bien continuer à jouer son rôle. Il faut ouvrir les yeux, se lever, et tout oublier. Oublier celle qu'on ne connaît qu'au fond de ses rêves, et qui se cache tout, tout au fond de moi. La nuit, elle se lève, et elle va courir pieds nus sous la lune. Elle vit toutes mes envies, elle invente des histoires fantastiques, de l'autre côté du miroir de la logique. Elle rit tout doucement de me voir ainsi, les yeux fermés, dans mon lit. Elle, elle est libre. Elle court sur les toits, sur les villes et sur les étoiles. Elle court, pieds nus dans la rosée de l'aurore. Et quand elle voit pointer le jour, vite, elle revient se glisser dans ma tête. Elle n'oublie jamais de revenir. Quand le réveil sonne, un grand corps s'étire, et se demande où a encore été se balader cette petite âme. Et ce grand corps ne le saura jamais, car sans elle, il n'est plus rien. Il n'aura droit qu'à contempler les traces de boue que sa petite âme a laissées en rentrant trop précipitamment. Les traces de ses petits pieds, qui sècheront et deviendront poussière.

Poussière.

Que suis-je, moi qui écris tout cela ? Comment le savoir, puisque ma petite âme se cache tout le temps. Elle me souffle des tas de choses à l'oreille, mais ne se montre jamais.

Peut-être ne la voit-on qu'au « bout de la nuit ». Mais, de ce voyage, on ne revient pas. Antonin Artaud. Ce soleil si éblouissant aveugle et brule le téméraire qui a réussi à parvenir jusqu'à lui.

Me voilà condamnée à écouter la voix de ma petite âme, et à laisser s'écailler en poussière ses imperceptibles traces.

Tout au fond de moi
Vit une petite nymphe
Qui chante tout doucement.
Et certaines notes
Arrivent jusqu'à moi,
Lointaines et confuses.
Ma petite nymphe
Se promène la nuit
Dans le jardin des Rêves.
Elle y danse avec mes désirs,
Mes secrets et mes troubles profonds.
Toute la nuit elle danse
Sous la lumière blanche
Des Soleils.

Et quand elle revient,
Fidèle, au petit matin,
Elle laisse souvent sur le seuil
La trace humide de ses petits pieds
Souvenirs de ses voyages lointains.
Insaisissable petite fée
Où te caches-tu ?
Sans doute là où je ne peux te suivre
Au bout de la nuit.

Ne sais-tu pas que j'ai des chaines ?
Des chaines immuables et éternelles.
L'espace. Le temps.
Adieu ma petite nymphe.
Pour te rejoindre
Le voyage est trop long,
Et trop exigeant.
Il faudrait que je laisse derrière moi
Ma triste peau sur terre.
Adieu.
Je ferme les yeux sur toi
Car une autre voix résonne dans ma tête,
Qui me dit que ce voyage peut attendre
Et que mon bonheur est au bout de mes bras.

Je pense n'avoir jamais oublié la petite nymphe, « ma petite âme ». Et j'ai toujours eu du mal à m'identifier à « ce grand corps », j'ai gardé l'impression de jouer un rôle, que la Vraie Vie n'était pas là.

A regret, tu as renoncé à ce voyage, avec l'intuition que le bonheur t'attendait « au bout de tes bras », dans ce monde incarné et incomplet.

Aujourd'hui, je me sens enfin capable de regarder la petite fée rire et danser, sans sombrer dans la folie. C'est une aventure que je te raconterai bientôt, dans une prochaine publication.

J'écris de moins en moins souvent ici, et je m'en rends bien compte. Et ce que j'écris ne dois pas donner une image complète de moi : j'écris quand j'ai le cafard, ou quand je suis dans des états particuliers. Mais jamais je n'écris quand le soleil inonde tout, et que je me sens légère comme un oiseau !

Je suis plus que jamais décidée à écrire un livre, bien que je remette toujours ce projet à plus tard. Mais cela a surement du bon, puisque le temps m'aide à y réfléchir, et à le cerner. Par exemple, à présent, je sais de quoi j'y parlerai : de la joie de vivre, du torrent de jeunesse qui me submerge, de mon âge, bon jour, mauvais jour. Je commence à avoir plein d'idées. Il ne me manque plus que le temps de l'écrire !

Oui, tu en auras pris du temps, le temps de vivre !
Je suis tellement heureuse de te retrouver, je vais enfin publier tes textes de jeunesse, sous le regard bienveillant de mon âge mûr. Grâce à toi, j'ai retrouvé la joie d'écrire, il ne me reste plus qu'à éprouver le plaisir du partage.

Demain, dix-huit ans... C'est bête et banal à dire, mais qu'est-ce que ça passe vite ! Hier encore, seize ans. Tout va si vite qu'on n'a même pas le temps de réaliser. On tourne la tête, et le présent est déjà passé. La vie, c'est un train, ça c'est pas nouveau. Un train où l'on peut regarder les paysages à venir, ceux qui appartiennent au passé, mais ceux qu'on est en train de vivre vont tellement vite qu'on ne voit rien.

La vie, c'est le passé et le futur. Mais c'est le présent qui les engendre. Le passé est inchangeable, le futur incertain. Ce n'est pas facile.

Ce soir, j'ai vu « Les choses de la vie », en hommage à Romy Schneider. Elle est morte ce matin. Ce film est terrible, parce que c'est la vie. Michel Piccoli a eu un accident, et au moment de mourir, il voit un grand banquet, avec d'un côté tous les gens qu'il connaît et qu'il aime, qui lui sourient, et de l'autre côté, les gendarmes, les médecins, les témoins de son accident, qui le regardent, et qui ne sourient pas. Je suppose que c'est ça la vie. J'en connais si peu. Je ne connais pas la mort. Je ne veux pas la connaître, parce que je sais qu'avec elle, le monde bascule. Une fois qu'on l'a vue, elle reste collée aux paupières, et transforme tout ce que l'on voit. Aujourd'hui, je me sens vivre, je me sens heureuse. Peut-être parce que je ne sais pas. Qui sait, si une guerre devait éclater, si le malheur balayait la terre, peut-être toutes ces années seraient-elles réduites en poussière ? Comme Martin Gray, qui « est né le jour où la guerre et le malheur sont venus ». Je ne sais pas, et je ne veux pas savoir. Je n'ai jamais vu un mort. Je sais seulement que la mort est terrible pour ceux qui restent. Parce qu'alors, eux doivent vivre avec la mort. Le suicide est égoïste, parce qu'il résout les problèmes personnels, et laisse les questions aux autres. JAMAIS je ne me suiciderai, parce que je sais que je ne laisserais derrière moi que des débris. Je gâcherais la vie des autres. Jamais !!! De toute façon, je tiens bien trop à la vie. Je suis prête à m'y accrocher de toutes mes forces si on cherche à me la prendre. La vie, c'est trop beau.

Ce soir, il faisait doux. J'ai ouvert ma fenêtre. Il n'y avait pas un seul nuage dans le ciel : il ressemblait à une aquarelle, rose orangé dans un coin, puis de plus en plus bleu, et enfin de l'autre côté, bleu profond. Les arbres frissonnaient. Des oiseaux chantaient de partout. Il n'y a pas trente-six manières de dire tout cela : la nature respirait. Vivre ! Profondément, intensément. Vivre l'aventure sans les risques inutiles. Se chauffer les ailes au soleil sans se les bruler.

J'ai envie d'aimer. Et de trouver une réponse à cet amour ! La vie est tellement égoïste, sinon. Jouir de la nature, rire, pleurer, chanter, vivre tout seul. Évidemment, on n'est jamais vraiment tout seul, surtout dans une famille. Mais il y a tant de murs, tant de séparations. Il n'y a avec personne de véritable partage. C'est pourquoi, certains soirs, je me sens seule. J'espère qu'à dix-huit ans, je trouverai celui que j'attends toujours, encore et toujours. Peut-être ne viendra-t-il que quand je serai vraiment prête. C'est ce que je me suis toujours dit. Mais maintenant, je me sens prête. Tout à fait prête. Je vais sauter à pieds joints dans cette nouvelle année. Et espère, ma vieille, espère !

Je souris en lisant cette belle déclaration d'amour à la vie. Je n'aurais jamais dû l'oublier !

Le train de la jeunesse passe si vite, il est en effet impossible de retenir le présent, s'en rendre compte c'est peut-être le début de l'âge adulte. Accepter la fuite du temps, c'est accepter la mort, accepter l'inacceptable.

Aujourd'hui, me voici à l'autre bout de ma vie, je commence à lâcher prise, et j'explore l'infini à l'intérieur du moment présent.

Dix-huit ans

Concert de Daniel Balavoine

Un terrain boueux, une immense salle en tôle avec des chaises, et puis un podium géant avec des baffles monstrueux. Après la file dans le brouillard et l'humidité montante, l'attente dans la salle plutôt froide, il fallait s'accrocher. Et puis, enfin, ça a commencé. Au début, de la chouette musique, mais trop forte à mon gout. Puis, peu à peu, l'organisme s'y fait, les oreilles acceptent, et c'est parti : les vibrations hautes en décibels, je les sentais partout, tout tremblait, même les pages du livre que je tenais à la main. Quand on sent réellement la batterie résonner dans ses poumons, quand toutes les parties du corps se mettent à vibrer, alors on peut entrer dans la musique, on se lance dans la folie collective en sautant sur place et frappant dans les mains. Tout est oublié, pour se fondre en un rythme, une voix, une mélodie. Comment comprendre si on n'a pas été soi-même pris dans cette folie ? Quand on ne s'est pas levé pour que ne finissent plus ces cris et ces coups ? Folie, folie inexplicable...

Et maintenant qu'il ne me reste plus que les oreilles qui bourdonnent et une mélodie dans la tête, je vais pouvoir raconter ce grand changement : l'université. Il aurait fallu que j'écrive dès les premiers jours, parce que maintenant je suis déjà habituée. J'ai appris à connaître les auditoires, les sandwiches du midi, les cercles. Je gratte aux cours, et je range mes feuilles dans une nouvelle farde. Je fais connaissance avec des tas de gens, plutôt sympas. J'ouvre les yeux tout grands devant un nouveau monde qui m'est offert. Tant de visages encore inconnus, tant d'amitiés à venir. Je regarde les garçons autour de moi, et je me dis que j'aimerais bien un jour pouvoir poser ma tête sur une épaule douce et chaude.

Et en attendant, j'ouvre les yeux, tout grands, et j'observe. Que d'exaltations me promet cette nouvelle vie, plus libre, plus responsable, plus éblouissante ! Chaque jour est un jour nouveau, différent de la veille et du lendemain, et je me sens vivre aujourd'hui.

Tu l'attendais avec impatience, ce nouvel univers, cette vie d'étudiante libre et passionnée !

Tu as choisi la philologie romane, en t'assurant que l'enseignement ne sera pas le seul débouché : tu hésites entre l'édition, la librairie et le journalisme.

Tu adores tes études, et, enfin, tu te sens libre et forte, curieuse et enthousiaste, prête à dévorer le monde.

Et voilà que ce soir
J'ai besoin de tendresse

Tendrai-je la main
A celui qui me sourit ?
Pour la beauté de son sourire…

Sans penser, sans aimer
Pour sentir contre soi
La douce chaleur d'un ami

Voilà où la tendresse me mène
Les soirs de folle mélancolie…

Aujourd'hui, ayant ouvert ce carnet pour en relire certaines pages, j'ai eu envie d'écrire, pour le plaisir. Pour dire bonjour à mon carnet, lui dire que je vais bien, que je suis de plus en plus heureuse et équilibrée.

A présent totalement intégrée au monde de l'université, je construis un réseau immense d'amitiés. J'apprends à connaitre la véritable amitié, sincère et naturelle. Et contrairement à l'école où je passais totalement inaperçue, ici, je prends de l'importance. Je ne dis pas du tout cela pour ma petite vanité, mais c'est très important de ne plus se sentir transparent, et de voir qu'on a une importance pour les autres !

Voilà que moi, qui étais si solide, si équilibrée, qui me vantais d'avoir bonne santé et bon appétit, qui sentais la terre sous mes deux pieds et écoutais voler mes cheveux au vent,

Moi qui me grisais d'être libre, de n'appartenir à aucun garçon,

Moi qui riais qu'on me sourie, et qui l'oubliais aussitôt, moi qui gardais dans les yeux une image irréelle et idéale d'un ange,

Et voilà qu'aujourd'hui, le monde s'efface, mon appétit disparaît, ainsi que toute envie. Que se passe-t-il avec mon petit moi ? Le voilà tout troublé.

J'aimerais fermer les yeux sur une musique douce, et ne plus penser à toutes ces individualités. Pour me perdre dans l'Absolu que je recherche, et que je ne trouve dans aucun d'eux. Et pourtant, ça existe ! Alors pourquoi pas pour moi ? Je rêve de l'infini, car je sais qu'il existe. Et on ne m'offre que du fini, de l'étriqué, des compromis.

Je veux trouver. Car je sais que ça existe.

Tout cela pour me soulager. Car écrire libère.
Riez. Moi je suis bien emmerdée.

Des sommets aux abimes, tu cherches toujours ton chemin. L'équilibre des amitiés solides et ancrées ne résiste pas longtemps à l'appel de l'Absolu. Pauvre petite Antigone, tu ignores encore que la Vraie Vie ne peut naitre que dans la matière. Tu as du mal à accepter ta condition humaine, l'incarnation est douloureuse. C'est pourtant le seul chemin vers la Lumière.

Avec le temps, tout se calme et tout s'oublie. Me voici redevenue libre de tout trouble, « les deux pieds bien sur terre et le vent dans les cheveux »... Je m'amuse bien ; j'ai retrouvé l'appétit ; me voici mordant la vie à pleines dents...

Et pourtant !

On dira que je ne sais pas ce que je veux, mais cette vie sans amour fébrile me semble trop unie, trop plate.

Je suis devenue si indépendante. Pourvu que je n'aie pas oublié comment on peut aimer...

Je peux te le dire, maintenant : on n'aime vraiment autrui qu'en étant totalement indépendante, pleinement soi-même. C'est le secret du véritable amour.

Il m'aura fallu bien longtemps pour le découvrir.

L'amour de soi n'est pas égoïste, il est la pierre d'angle de notre vie. Dès lors, l'amour de l'autre est un cadeau, et non plus une demande, une tentative de combler nos propres manques.

C'est bien beau et grisant de secouer ses cheveux au vent, en sentant le monde tourner sous ses pieds, mais il est vrai qu'à la longue, on se rend compte qu'un peu de tendresse en plus ne ferait pas de mal… Si seule !

J'ai besoin d'un enfant comme moi pour serrer sa main très, très fort, et sentir sa force rejoindre la mienne.

Je ne pense pas que tu connaissais la chanson de Bourvil, laisse-moi te murmurer ses paroles : « Mais vivre sans tendresse, non, non, non, non, on ne le pourrait pas ».

A bien y réfléchir, la tendresse n'est-elle pas le plus beau des cadeaux, le besoin le plus essentiel ?

S'il comprenait que ce que j'aime, c'est d'entendre des tourbillons de vents contraires siffler dans mes oreilles.

Je ne me laisserai pas enfermer dans sa petite cage ! On s'y ennuie...

La liberté comme exigence absolue, sans aucune compromission.

Des sourires traversent la nuit pour m'illuminer un instant. Mais il me manque un feu intérieur pour me bruler et me réchauffer.

Je sens que je vais craquer si un garçon ne me prend pas dans ses bras...

Si je ferme les yeux, la tête me tourne. Et je sens le froid se répandre dans mes veines.

Ce n'est plus un désir, c'est un besoin.

Et j'ai envie de crier.

Et si personne ne répond je vais devenir folle.

Entre désir d'absolu et besoin de tendresse, la tension est tellement violente ! Ton équilibre est précaire, tu ne le sais pas encore, mais tu es prête à basculer.

Cette nuit, j'ai encore fait un rêve dont on se réveille avec le cafard. Peu importe les détails, c'était un rêve sensuel, et je n'y étais enfin plus seule. Mais le matin, la déception est amère : le bonheur véritable n'est entrevu qu'en rêve, inconsciemment. Et cela ne fait qu'augmenter la déception, la solitude.

Savoir qu'on a devant soi l'infini, mais ne pas savoir comment l'atteindre...

Ce n'est plus du cafard, c'est de la rage, de la fureur contre tout ce qui se refuse à moi.

A quoi servent les rêves ? A accomplir les désirs ? A compenser les déficiences de la personnalité ? Toi, tu as choisi : ces rêves-là ne servent qu'à te faire enrager, en te laissant entrapercevoir ce dont tu te sens privée. Et s'ils te servaient justement d'incitant pour passer à l'action ?

Être soi-même, c'est ça qui est le plus important. Le reste doit venir tout seul. Mais comment sera demain ? C'est tout perdre encore une fois, ou tout gagner : renaitre à un nouveau monde.

Et alors quitter son ancienne peau, tout quitter pour respirer l'air pur de l'absolu.

Tant d'espoirs, de rêves ; où cela mène-t-il ? Le plus souvent au cafard à la énième puissance : le trou. Le vide. Le cauchemar.

Mais quand l'espoir est là, pourquoi ne pas s'y accrocher ? Ce serait si beau. Et enfin connaître cela. Vivre à temps plein, et ne plus se contenter de miettes. La jeunesse passe, je me sens parfois si vieille, et vieillir doit être terrible. Vieillir sans avoir vécu son âge. Il ne faut rien rater pour ne rien regretter. Il me semble que j'ai déjà un sérieux retard à rattraper.

S'il pouvait m'aider à regagner tout ce temps perdu…

J'ai envie de crier. Ou de pleurer. Je craque.

Si je ferme les yeux
Je crie
Si je tends les bras
Je crie

Et les larmes coulent
Tout doucement

Ma solitude me ronge
Comme une bête intérieure

Ce n'est qu'une histoire banale,
Une histoire à pleurer

Mais il faut crier
Pour que le ciel tremble
Et daigne me regarder

Qu'est-ce que j'ai ?

    J'ai le cafard
    J'ai la solitude
    J'ai le vague espoir
    J'ai la tendresse gaspillée

Mais qu'est-ce que j'ai ?

Bon Dieu ! Ouvre-moi la porte…
J'ai mal aux poings à force d'y cogner.
Ouvre-moi la porte. La porte. S'il te plait…

Merde ! Pourquoi le bonheur doit-il toujours passer à côté de moi ?

N'allez pas me faire croire que l'infini est impossible à atteindre. Je veux le tout, je veux le pur, je veux l'absolu. Et si je ne le trouve pas, je casse tout. A moins que je ne sombre.

Je ne suis pas de ceux qui se contentent de ce que la vie leur donne. Moi je veux lui arracher sa saveur suprême, et puis tout oublier.

Sinon, que ferions-nous sur terre ? Nonsense. Tout est nonsense. Si ce n'est pas pour être fou de vie, avant de sombrer dans le néant.

C'est si facile de fermer les yeux.

Mais peut-être regretterons-nous de ne pas les avoir ouverts plus grands, plus longtemps. Quand nous saurons la fin, l'autre bout du voyage.

C'est comme un texte. Tant que ce n'est pas fini, on ne peut rien dire, rien comprendre. Attendre la fin. Pour que tout s'illumine dans le jaillissement fulgurant qui nous brulera les yeux à jamais.

Il faudra longtemps pour qu'Antigone accepte d'écouter Créon, pour qu'elle accepte de grignoter son petit bonheur, assise sur un banc. Sans compromission.

Regarder le soleil en face brule les yeux. Mais il est doux de se laisser réchauffer par sa lumière. Avec tendresse.

La vie
C'est construire et puis détruire
Le bonheur ?
Quelle blague

Si je tends les bras
L'écho me rend le son de ma voix
Et seule dans le désert
Une image me hante comme un mirage

L'avenir nous appartient
J'ai dix-huit ans
Et déjà si vieille

Tous les instants perdus
Qui me les rendra ?
Mal vivre sa vie
C'est pire que mourir jeune

Et pour continuer à marcher
Il faut être deux

Donne-moi ta force
Donne-moi l'espoir
Tends-moi les bras

Alors le monde pourra s'arrêter de tourner

Le monde peut-il s'arrêter de tourner ? Je ne pense pas. Mais j'ai maintenant découvert comment me tenir au centre de ma vie sans chanceler. Et je n'ai besoin de personne pour cela.

Le désespoir à dix-huit ans est terrible, car il a la force et la fureur de la jeunesse.

(à propos d'un film qui m'a particulièrement émue)

Il faut bien comprendre que ce n'est pas l'histoire qui fait le film. Tout se passe entre les images, entre les faits. Comme en littérature: il n'y a des mots que parce qu'on ne peut pas faire autrement. Mais tout se joue entre les mots, là où on ne peut rien expliquer.

Cet infini que tu as entrevu, et auquel tu aspires, c'est par l'art que tu peux y accéder, et surtout par la poésie. L'espace entre deux mots, le silence entre deux notes, c'est là que réside l'essentiel. L'indicible. L'infini. C'est là que demeure l'objet de ta quête, cet Absolu qui t'échappe, la Réalité ultime, qui seule te semble digne d'intérêt.

Dix-neuf ans

Si le sommeil vient

Ferme les yeux
Pour écouter la pluie

Et les torrents qu'elle déverse
Chavirent des abimes

Tout au fond
Se trouvait quelque espoir

D'avant la pluie…

De l'autre côté du sommeil, au-delà de la pluie, qu'y a-t-il ? Comme un bateau ivre, tu erres dans la tempête.

Comment te dire ?
Je voudrais
Que tu me donnes
Ta douceur
Comment te le dire ?

Comment te faire comprendre ?
Je donnerais tout
Pour que tes bras
Se referment sur moi
Comment te le faire comprendre ?

Si tu écoutais mes yeux
Tu y lirais une brulure
Profonde

Si tu écoutais mes yeux
Tu entendrais ce que je dis
Tu comprendrais ce que je dis
Ce que je ne dis qu'à toi.

Tes paroles hurlent dans le silence, ton besoin de tendresse inassouvi est une blessure, profonde.

Juste une image

Tout au fond des yeux

Qui ne décolle pas
Et qui mourra là…

Peut-être faudra-t-il aller la chercher derrière la page.

Tout renverser pour partir à sa recherche.

Alice au pays des Merveilles
Et moi au pays du Bonheur.

Tant que l'espoir vivra.

Qu'est-ce que moi ?

Qu'est-ce qu'un homme ?

Qu'est-ce que le monde ?

Qui sommes-nous et où allons-nous ?

À jouer à ce petit jeu je finirai par m'y perdre.

Ce n'est pas un jeu, c'est une révélation qui t'a foudroyée il y a plus d'un an, un effroi indicible qui a balayé toutes les certitudes. Tu t'es perdue, à jamais.

Il m'aura fallu toute une vie pour apprendre à vivre les yeux ouverts, pour enfin oser affronter le néant.

Me voici de retour d'un stage de voile de quinze jours.

Bilan ?

A dix-neuf ans, j'ai découvert que j'ai un corps, et je compte bien dès à présent ne pas l'oublier.

J'ai perdu une grande part de mes illusions. L'amour absolu ? Rare et difficile à trouver ! Tout le monde n'a pas cette chance-là. Je ne perds pas tous mes espoirs, mais je ne prétends plus vivre uniquement dans l'attente d'un absolu qui me tomberait du ciel dans un éclat de foudre. Si ce n'est un absolu des sens… !

Je ne veux pas devenir vieille en attendant cet absolu qui ne viendra peut-être pas. Mon programme est dès à présent de vivre mon âge… et de rattraper le temps perdu !!!

Alors que tes pensées t'entrainaient dans le gouffre sans fond des révélations mystiques, la Vie te fait le cadeau de te prendre par la main, de te ramener sur terre pour en gouter les fruits. Quelle leçon ! Il est temps de vivre ton âge, quitte à te détourner de l'Idéal et de la Vérité. Quelle joie !

Moi, je lui parlais de l'amour avec un grand A.

Lui, l'amour, il ne savait que le faire.
Il ne croyait pas aux majuscules.

Ces trois phrases me font sourire aujourd'hui. C'est le temps de la désillusion, et comme tu ne vis que pour les mots, tout est une question de majuscule et de syntaxe ! Ce n'est évidemment qu'une formule, mais tout est là.

Les hommes ont inventé Dieu
Pour oublier qu'ils étaient de la poussière d'étoiles

Ils ont fait planer sur eux
Un esprit qu'ils croyaient hors du bien et du mal

Mais la nuit quand ils sont seuls
Ils se souviennent
et chavirent face à leurs mères les étoiles

Après la douceur des vacances sous le soleil, c'est le retour au quotidien morose, et la Question est toujours là, avec cette certitude : il n'y a pas de réponse qui puisse apaiser l'esprit.

— Moi qui ne voulais que le pur, le tout, l'absolu, voilà que je me suis laissé guider vers d'autres bords, et quoi ? Ce n'était que cela ? J'ai tout un idéal à reconstruire. Il ne me reste plus rien, qu'un gout tenace d'amertume et de désillusion.

— Il n'y a rien à reconstruire, pas d'idéal. Rien qu'une volonté tenace face au néant, et l'espoir. De quoi ? De jouir du moment présent. Et de ne pas trop penser (ça rend fou !).

La solution à la condition humaine, la voilà. Savourer un alcool, embrasser un garçon, crier dans le vent : se faire plaisir, et surtout se sentir vivre. Pleinement. Suivant son âge. Alors, le programme à dix-neuf ans ? Pas de temps à perdre, ma vieille. Tu n'as fait qu'entrevoir des jouissances infinies. Je croque la vie à pleines dents. Il ne sert à rien de vivre vieux si c'est pour vivre à moitié.

En quelques mois, tu as trouvé la sagesse, tu as compris que la réponse aux terreurs métaphysiques est dans la jouissance de l'instant présent.

J'ai lu beaucoup de livres, j'ai écouté beaucoup de maitres, et je réalise seulement maintenant que tu avais instinctivement tout compris, sans en parler à personne, sans aide, sans guide. Tu t'étais perdue, et c'est la Vie qui t'a guidée sur le bon chemin. Quelle gratitude pour cette force qui nous habite, qui sait ce que notre pensée ne peut concevoir, et qui ne demande à s'exprimer, en toute liberté !

Que s'est-il passé pendant ces deux mois de vacances ?

Me voilà tout autre.

Ces deux mois, passés si vite, sont pourtant aussi une éternité qui me sépare de l'autre que j'étais.

Finis les idéaux. L'infini auquel je croyais encore est passé entre parenthèses. J'admets que la matière pense et puis retourne au néant d'où elle est tirée. Il n'y a que l'Homme.

Les idéaux, il suffit d'y croire : c'est un choix. Mais croire, n'est-ce pas une façon de fermer les yeux ? C'est un risque que je ne veux pas courir. Comme je peux être heureuse sans au-delà, je tente l'expérience.

Un seul idéal me reste, et c'est bien un idéal d'ici-bas : l'amour avec un grand A. Je crois qu'il permet d'atteindre les sommets suprêmes, les plus élevés que l'homme puisse atteindre. Et il ne s'agit pas d'un amour éthéré, platonique, mais avant tout physique. C'est sûr qu'il n'y a pas que cela. Mais c'est le support de la tendresse, de l'affection, et de toutes les autres valeurs transcendantales.

J'ai découvert que j'avais un corps, et si je n'en ai pas volontairement usé jusqu'au bout, c'est en vertu de ce dernier idéal qui me reste. Je veux offrir ce qu'il y a de plus haut à celui qui partagera ma vie, même si ce n'est pas pour toute la vie.

Et c'est vrai que j'en ai oublié mes grandes questions métaphysiques. Finie, la crise du « moi » et autres bêtises.

La solution ? Ne pas y penser. Ce n'est pas fermer les yeux, mais simplement ne pas s'acharner dans une voie sans issue. Ce n'est pas la peine de chercher une solution à la condition humaine, s'il n'y en a pas. Il y a mieux à faire !

La preuve que cette expérience a été bénéfique est qu'aujourd'hui je me sens formidablement bien dans ma peau !

A travers ton corps, c'est la vie qui t'a donné la force de t'affirmer, face au néant. Tu acceptes sa seule exigence : fermer les yeux et oublier les abimes que tu as entrevus, pour vivre, tout simplement. Ce qui t'est apparu avec fulgurance doit être enfoui très profondément, il était bien trop tôt pour pouvoir intégrer une telle révélation.

Ton enfance s'est désormais achevée. Tu abordes ce nouveau chapitre avec détermination, mais encore pas mal de conditionnements et de jugements. Il n'est pas si simple de se libérer !

Les mots pour le dire…

Et les silences

Les mots ne sont qu'un outil, un instrument dans lequel chante l'indicible. La poésie doit savoir se taire, l'essentiel est entre les lignes.

Ton visage par-dessus tout
Pour trois siècles de tendresse
Merci…

L'ouverture à ton monde
Qui sera désormais le mien

Si je cherche à le retrouver
De tous côtés des murs

Des déserts pour ma tendresse
Des vides sous mes caresses

A nouveau seule j'endure
La solitude… dur dur !

Le retour de vacances est difficile, restent les souvenirs et la gratitude pour éclairer la morosité du quotidien.

Je crois que je peux avouer sans crainte de paraître anormale que je ne pense qu'à cela, je veux dire à l'amour, aux garçons. A vrai dire, je cherche, ou plutôt j'attends. Plus un coup d'éclair, un prince bleu, c'est vrai. Mais un ami profond et durable, avec qui bâtir un bonheur intense, même si ce n'est pas pour toute la vie.

J'ai besoin d'une main pour tenir la mienne, d'un visage pour le serrer contre moi.

C'est la nature qui le veut ! Et c'est si doux d'être dans les bras d'un garçon... A vrai dire, je ne connais rien de mieux.

Alors, en attendant ce miracle, je me plonge dans mon trésor de souvenirs. Ils illustrent mon présent, donnent des couleurs au gris quotidien.

Ils ont un gout de sable chaud, de mer et de soleil. Un gout de vacances. De bonheur, de liberté.

Le passé, c'est des souvenirs. Et des regrets, des pleurs refoulés. C'est ce qu'on aurait voulu faire, ce qu'on aurait voulu dire, alors qu'il en était encore temps. C'est le chagrin qu'on n'arrête pas de pleurer, de pleurer toujours à l'intérieur de soi chaque fois que l'on y repense.

Et c'est aussi le geste adoré mille fois refait. Les mots doux mille fois répétés. C'est des heures multipliées à l'infini.

Trois jours et trois nuits qui pèseront comme une éternité...

Je souris en lisant cette première phrase, si naïve : tu avoues, avec un peu de honte, que tu ne penses « qu'à ça » ! A dix-neuf ans ! Enfin...

Tu commences à lâcher pas mal de rêves, d'idées préconçues. Ton idéal est de plus en plus accessible, réaliste.

Tu as gouté aux joies de la sensualité, au bonheur de la tendresse. Et, de nouveau, tu n'es plus qu'attente, latence.

Mais les souvenirs sont autant de nourriture que tu savoures, qui te permettent de vivre, tout simplement. Des souvenirs si jolis...

Après la « crise de l'abime » de mes dix-sept ans, la peur du trou noir et de la mort, c'est exactement l'inverse qui m'est arrivé cet été.

Tout a commencé il y a très longtemps, le jour où j'ai découvert un jeu très dangereux : se regarder soi-même de l'extérieur, comme si on ne faisait plus partie de soi-même. Se regarder dans une glace. Et à ce moment, on ne voit plus en face de soi qu'un pantin, un corps de chair sans âme et sans signification aucune. L'absurde de la condition humaine.

Maintenant que j'ai perdu Dieu, il ne me restait plus qu'à basculer vers le vide, étrangement attirée par le néant. Qu'est-ce que « moi » ? Qu'est-ce qu'un homme ? Que faisons-nous sur terre ? Quel sens à tout cela ? Pourquoi ?

Autant de questions qui me minaient, parce que sans réponse.

Et dès ce moment, je ne savais plus qui j'étais. Je n'étais plus qu'un corps perdu, sans aucun sens. Personnalité : réduite à zéro. Je me voyais de l'extérieur. Mon « moi » avait disparu.

On comprend dès lors que mes actes n'avaient pour moi plus aucune signification. Pourquoi se refuser au plaisir des sens ? En vertu de quel idéal, alors que je n'en avais plus aucun ?

Une ébauche de réponse m'a été donnée, en discutant de cela avec une amie, étudiante en philo. Elle m'a dit qu'il n'y avait pas de solution, et que trop penser rend fou. La moitié des philosophes terminent leurs jours à l'asile.

Et puis, j'ai trouvé une solution, bien que pas tout à fait satisfaisante, en discutant avec P. Il m'a dit que l'important, c'était de vivre l'instant présent. Le plus intensément possible. Jouir de la vie sans se l'empoisonner par des questions sans réponse.

Solution insatisfaisante, car elle consiste à fermer les yeux. Mais c'est un fait qu'il ne sert à rien de chercher des réponses là où il n'y en a pas. S'obstiner dans une voie sans issue.

C'est pourquoi aujourd'hui je ferme les yeux sur ces questions sans réponse. Et j'attends d'un amour qu'il me donne la force d'affirmer mon « moi ».

J'ai envie de lui dire : « Oui, je me sens bien dans ma peau. Mais mal dans ma tête. Aide-moi ; guéris-moi ! »

Avec l'Amour, tout est possible…

Il en aura fallu du temps pour que tu aies la force de raconter ton aventure, en essayant d'être aussi précise que possible. Jusqu'alors, y penser seulement était déjà trop effrayant, l'écrire était impensable.

Et cette force est venue de ton corps, de la force de vie qui te traverse. Ce sont tes pensées qui t'avaient montré l'abime où tu aurais pu te perdre à jamais; il était sage de les faire taire, quitte à fermer les yeux.

Vivre l'instant présent ! Cet bref amour de vacances était un maitre.

Tu pressentais que l'amour seul pouvait te sauver. Mais tu croyais encore que cet amour ne pouvait venir que d'un autre que toi.

J'ai mis bien trop longtemps à comprendre, et à accepter, que le premier amour qui nous fait vivre est l'amour de soi. C'est une eau vive qui me traverse désormais, et qui me donne conscience d'exister.

Le feu intérieur.

Je savais qu'un désir éveillé ne se rendort jamais. Pour quelques instants de plaisir, un siècle à me mordre les lèvres et à me retourner dans mon lit, sans trouver le sommeil.

Mon corps trop lisse de fille.
Une écorce d'homme pour m'y frotter.

Les portes ouvertes jamais ne se referment.
Et mon désir ardent brule comme une torche, se consume en lui-même sans rien éclairer.
La lumière viendra avec toi.
    (tout seul on n'est rien)

        il ne fallait pas jouer avec les allumettes

Me pardonneras-tu de dévoiler ce texte ? Ta pudeur n'aurait jamais envisagé de le publier. Et pourtant, je le trouve si beau, si touchant ! En expérimentant la naissance du désir et la brulure du manque, tu découvres la sensualité, tu deviens une femme.

J'ai essayé l'alcool
        mais la tête ne me tourne pas

J'ai essayé le travail
        mais pas moyen de l'oublier

J'ai essayé le sommeil
        mais je ne rêve que de lui

AU BOUT IL N'Y A PLUS QU'UN CRI

La folie d'avoir un monde au bout des doigts et de ne pas pouvoir le toucher

Tu as l'impression d'être amoureuse pour la première fois : tu n'as jamais aimé aussi intensément, aussi violemment. Mais rien n'a été avoué, et tu reconstruis tout un monde à partir de regards, de gestes à peine ébauchés.

Voilà où mènent l'espoir et l'imagination.

Voilà ce que deviennent les idéaux, l'absolu : une trainée de larmes…

Comment ai-je pu espérer ainsi ? Reconstruire tout un monde pour le voir s'écrouler à nouveau.

J'avais cru avoir tout retrouvé. Mais ce n'était qu'une image. Une image floue.

J'ai failli toucher le ciel. Mais je crois qu'il est trop haut pour moi.

Pourquoi le bonheur n'existe-t-il que pour les autres ? N'ai-je pas enfin le droit d'en avoir ma part ?

Ma vie n'est qu'une longue attente. Je veux me bruler au soleil, m'y oublier.

Quelle farce, la vie. Elle se joue bien de nous en nous faisant nous entre-déchirer d'amour.

Finalement, on est tous seuls.

C'est vrai qu'au bout de tout, il n'y a plus que l'immense solitude…

Plus hauts sont tes espoirs, plus violente est la chute. Le coeur brisé, tu t'insurges, tu condamnes, tu exiges réparation. Tu ne comprends pas comment tu as pu te tromper à ce point. Tu t'effondres : des sommets aux abimes, c'est tout ou rien.

Ce n'est que maintenant, en relisant ton carnet, que je réalise la part de responsabilité qui a été la tienne dans cette débâcle. Tu as trop d'imagination, trop de volonté, tu construis un monde, et puis, en te fracassant contre la réalité, tu le maudis de ne pas être conforme à tes attentes.

Mais je ne te condamne pas, j'aimerais te prendre dans mes bras pour te consoler, pour te protéger. Te protéger des autres, mais, surtout, te protéger de toi-même.

Comment me diras-tu
Ce que je ne peux entendre ?

Tout doucement
Avec des mots de tendresse
Des mots qui brisent
Comme du cristal.

Mais je te le demande
Je t'en prie
Ne dis plus rien.

A quoi servent les mots
Maintenant ?

Tu es tellement fragile, même l'amitié et la tendresse te déchirent. Quelques mots griffonnés sur une feuille de papier sont déjà trop violents. Ta blessure à vif ne tolère même pas un pansement.

Si j'ai besoin qu'on me serre très fort,
Je ne veux pas que ce soit du bout des doigts.

Il me faut un homme tout entier
Pour me bruler dans son amour,
Pour me fondre avec lui dans l'infini.
Un qui ne soit qu'à moi.

Et pour l'attendre
Je saurai trouver en moi la force
De vivre l'éclat de la jeunesse.

Je réussis à être heureuse
Pourquoi laisser les autres tout dévaster ?
Je mettrai des grilles
Et des épines
Pour chasser les rôdeurs sans scrupules
Qui n'en veulent qu'à mon corps.

Je ferai de moi un jardin clos
Où seul un ange pourra pénétrer.

Jamais les visages cachés
Des rôdeurs de la nuit tombée
Ne s'y profileront.

Jamais plus ils ne saccageront
Les parterres de roses
En prétendant voler vers moi.

Et je laisserai leurs ombres
Frémir derrière mes hauts murs ;
J'oublierai leur honte bestiale
Cachée dans mon jardin de pureté.

Ce sera l'Absolu.
Ce sera le Tout.

Et jamais plus de compromis avilissant.

Te voilà de nouveau perdue : ta blessure commençait à peine à guérir, et voilà qu'un baiser est venu tout bousculer. Que veut dire ce non qui dit quand même un peu oui ? Tu as accueilli la tendresse, mais désormais tu refuses tout compromis : ce sera tout ou rien. Donc, rien.

Je suis née au mois de mai, le mois des amours et de l'insouciance. Je suis née aux portes de l'été, quand mai se fait sécheresse et effeuille ses derniers jours.

Je suis née au cœur de l'hiver, entre neige et feu. Je suis née de la violence du désir et de la pureté d'un ciel étoilé.

Je te donne mon rire et ma tendresse.
Je te donne ma force et ma faiblesse.

Caresse-moi doucement le visage.
Prends ma taille comme un brasier.

Si tu pars, laisse-moi le gout de ton souvenir.
Si tu t'en vas, ne te retourne surtout pas.

Je suis la tendresse
Je suis le désir ardent

Ce poème est un de mes préférés. Tu l'as écrit sans réfléchir, d'un jet, comme toujours, et sa spontanéité contribue à sa beauté.

Aujourd'hui, je trouve sa polarité apaisante. Tu étais torturée entre la réalité et l'idéal, entre la tendresse et le désir : le bonheur ne consiste pas à choisir, mais à accepter et à vivre les contradictions.

Quand le présent est en sourdine
Quand le futur est un point d'interrogation

Il y a les souvenirs.

C'est le froid de l'eau qui coule sur nos corps, un baiser volé sous le soleil.
C'est la tiédeur d'un lit, au creux de tes mains aux accents de mer.
C'est une douce musique sur ma terre durcie par le gel.

Aujourd'hui encore, je me berce dans vos bras...

Mais cela ne suffit pas pour vivre.
Vous m'avez donné le gout de chercher plus loin, vers l'absolu, l'infini.
Vous m'avez donné une esquisse.
A présent, je veux le tableau complet, l'œuvre de maitre.

C'est en cela que je crois.

Tu penses avoir tourné la page, le dernier amour a déjà rejoint les autres souvenirs. Tu te réchauffes à ces moments de tendresse, mais tu ne peux t'en contenter : c'est toujours l'absolu, c'est toujours l'infini que tu poursuis. Tu es prête à tout exiger, et à défier les dieux pour leur arracher ton dû.

Pauvre petite Antigone, ton bonheur n'est pas de ce monde.

Un paysage détrempé
Goutte à goutte se lave
Dans la pluie.

Un ciel bas, gris,
et froid.

C'est ma terre d'automne.

Quand tes rêves se brisent et tombent plus bas que terre, c'est elle qui peut t'apaiser.

Les mots et leurs silences te relient au monde et à sa beauté.

C'est ma terre durcie par le gel
La chaleur d'un geste esquissé
Une caresse trop vite effacée

J'ai mal
De ce geste tendre
A peine ébauché

Une caresse
Éphémère à l'infini
Dont le souvenir me transperce

Le passé
Comment peut-il faire souffrir ?
Son absence est une blessure

Bien sûr, tu l'aimes encore, même si tu as décidé le contraire.

Ce texte m'émeut toujours autant, je t'y retrouve, blessée et palpitante, amoureuse torturée par le souvenir d'un geste tendre.

Cet homme a le regard vide. Peut-être a-t-il bu ? Son silence est vide.

En face de lui, les mots s'échappent. Elle ne sait plus rien. Seul ce regard…

Une sueur lente coule dans son dos. Une chaleur moite l'enveloppe. Est-ce le chauffage qui brule ainsi ? Ou son corps ?

La peur même est loin à présent. Elle a tout oublié quand elle a poussé la porte, pour se trouver devant lui. La porte, la table, la chaise. Et déjà le regard.

Que lui veut-il ?

La question est tombée dans le silence. Quels mots ? Quel sens ? Ce monde tout à coup étranger la chasse, hostile. Elle n'est pas d'ici, c'est bien vrai. Les hauts murs de béton, les a-t-on inventés pour les fracasser sur son dos ? Si seulement elle pouvait s'enfuir…

Mais la porte s'est refermée. Et cet homme la regarde. Il attend.

Elle ne dira rien. Alors, à quoi bon ? Même le silence est inutile.

Les murs, la table, la chaise, la porte… ces yeux. Une farandole diabolique danse dans sa tête ; sa tête qui chancelle et roule à terre.

Elle s'est évanouie. Et pourtant, elle avait beaucoup étudié pour cet examen. Mais il faudra revenir en septembre.

C'est la fin des examens, tu as un peu bu pour oublier ta solitude, et ce texte de fiction est venu se glisser dans tes doigts. Je l'aime bien ! Il n'a aucune prétention, il n'avait même sans doute pas de sens pour toi.

Aujourd'hui, au-delà du plaisir des mots, j'y vois une image, une sorte de rêve mettant en scène une question incompréhensible, et l'impossibilité d'y répondre : face à tes questions existentielles, la seule issue, ce sera de laisser ta tête « rouler à terre », retrouver humblement cette terre qui t'a fait naitre et à laquelle tu retourneras ; tu devras abandonner tes pensées et quitter ta volonté de contrôle en « t'évanouissant ». Tout un programme ! Tu n'en es pas encore là, mais sans doute le pressens-tu déjà.

Bientôt vingt ans…

Il est temps que j'arrête de glander si je veux vivre quelque chose de valable. J'en ai marre de cette vie de routine, j'ai l'impression de perdre mon temps, ma jeunesse, ma vie.

Je veux VIVRE quelque chose. Fini le puritanisme et les œillères. Je veux vivre autre chose. Voir d'autres horizons. Que faire pour briser cette routine faite d'habitudes trop bien ancrées ?

Tant que je n'aurai pas fini les études, c'est sûr, pas moyen de bouger, de me défouler les pattes. Alors, d'ici là ? Je ne le cache pas, je me cherche un beau prince charmant assez rêveur pour partager mes rêves, pour vivre avec moi des expériences inoubliables.

Mon rêve, il est peut-être banal et impossible, mais je m'y accroche. Le diplôme en poche, j'aimerais que nous partions à deux pour d'autres continents, sans attaches et sans contraintes, avec pour but unique de découvrir d'autres horizons, d'autres civilisations, de voir comment on vit, plus loin. Sur place, on travaillerait à (presque) n'importe quoi pour se payer le voyage, pour continuer l'odyssée. Et si un pays nous plait, nous y resterions un an, peut-être plus. Pas de contraintes. La liberté.

Et comme premier objectif, peut-être l'Asie. Le Cachemire, le Népal, l'Inde. L'Indonésie. Le Japon... Et puis aussi l'Amérique du Sud : Pérou, Brésil... Et pourquoi pas l'Afrique ? Où nous arrêterons-nous ?

Le rêve, c'est le voyage. Le voyage en liberté, sans port d'attache. Le voyage, à deux.
Mon rêve court à la surface d'une mappemonde.

Quel plaisir de te retrouver les deux pieds sur terre ! Tu voudrais parcourir le monde en toute liberté, et pourquoi pas ? En 1984, tout semble permis.

Aujourd'hui, c'est devenu une évidence pour certains, un projet qui se concrétise pour beaucoup d'Occidentaux. Mais comment ne pas penser aux autres, bien plus nombreux, dont le rêve s'est fracassé à la réalité ?

Entre le zist et le zest

Entre impossible et infini
Entre absence et désir
Entre oubli et souvenir

    Quelle solution ?

Entre éclair et lumière
Entre cailloux et étoiles
Entre tendresse et amour

    Que deviendra-t-on ?

Un chagrin incernable
Un rêve-déception

    Au rythme des vagues qui s'en vont…

Tu as décidé d'arrêter de tout raisonner, tu te rends compte que tu n'avais rien compris, ou tout compris de travers. Tu acceptes dorénavant que la tendresse t'emporte, sans te poser davantage de questions.

J'étais ce pendule inerte
Qui vivait sa mort
Dans l'immobilité

Impassible
Tranquille

Du doigt tu m'as frôlée
Et du ciel aux abysses
J'ai navigué

Dans cette folie
Je m'égare

Quand comprendras-tu que ton ciel est rempli de larmes ?

Ce que tu vis est une tempête, qui t'emporte des sommets des vagues aux creux les plus profonds. C'est l'amour qui te mène, et qui te malmène.

Bonjour dit le loup
Je suis venu
Pour te manger

Bonjour a dit le loup

J'aime beaucoup ces quelques vers, apparemment légers, dont toute la force de suggestion est contenue dans l'ellipse.

Le vent et la pluie
C'est comme les embruns
Un bateau navigue
Dans le caniveau

Cette nuit j'ai bu
Toute la pluie

L'amour t'inspire et t'emporte. Tes vers me ramènent au coeur de la tempête, tout est là, et il n'y a rien à ajouter.

Je suis une tour

Et le vent tournoie

Autour de moi

Ces vers se sont écrits sans que tu en saisisses bien le sens. Aujourd'hui encore, ils m'accompagnent, et, même si parfois ils s'éclairent d'une signification particulière, ils resteront mon mystère, mon essence, mon trésor.

Merci de me les avoir offerts.

Quand reviennent les jours calmes
Quand la tempête s'éloigne

La raison
Échevelée d'avoir tant combattu
Et d'avoir été vaincue
Remonte sur son trône
Haletante

Et revient le règne
De la sagesse
De la froide sagesse
Dans un palais de verre

Mais le rêve a-t-il seulement existé ?

Tu as été emportée par un vent de tempête, et te voilà maintenant, seule et incrédule, à considérer cette folie.

Aimer et souffrir, c'était te sentir exister, au-delà de la raison.

Tu restes hallucinée par ce que tu as entrevu.

C'est la nuit dans mes rêves,
Que les souvenirs reviennent
Comme autant de blessures.

Un mal presque physique…
Que m'a-t-il fait
Pour que j'aie si mal ?

Peut-être l'ai-je aimé,
Et à travers son absence,
La folie aujourd'hui croît en moi
Comme une plante mauvaise.

Face aux questions sans réponse, c'est toujours la folie qui te guette, l'abdication de la raison qui t'effraie plus que tout.

C'est les vacances ; les examens sont finis, le soleil a brillé aujourd'hui.

Je n'ai jamais été autant entourée.

J'ai passé ma journée à courir de l'un à l'autre, à jouer les filles équilibrées, et même à écouter les déprimés. Comme je savais redonner l'espoir et le gout de la vie !

Ce rôle de funambule, j'ai trop bien appris à le jouer. Je le joue tellement bien que j'avais oublié que ce n'était qu'un rôle.

Alors que tant de gens m'adorent, et même m'envient, moi je me retrouve encore seule à pleurer ce soir, et toujours pour cet ahuri que je me suis mise à aimer comme une sotte.

Il a suffi que je l'aperçoive ce soir pour que le décor bascule. Le barrage a cédé : les torrents chavirent dans les abimes.

Tu as trop conscience des masques pour te contenter du rôle que tu joues au quotidien. Quelle imposture ! Tu crèves d'amour, et tu ne peux le dire à personne.

Vingt ans

Petit mousse   Petite flaque
Une tache sur les draps
Petit mousse a parlé trop fort
Petit mousse a parlé trop longtemps

A fond de cale l'amour
C'est plus que ça
que toi et moi
que toi contre moi
L'eau salée de la mer n'a pas coulé sur mes joues

Petit mousse   Petite flaque
Ma raison s'est égarée
Petite fille s'est perdue
Petite fille a crié dans la nuit

Après la tempête, te voilà seule et désespérée, à rechercher les miettes de ton trésor, au hasard, maladroitement, et en vain.

Une boucle d'oreille
    Le corsaire
Une peau bronzée
    Le véliplanchiste
Un gilet marin
    Le mousse

C'est la mer
    la mer qui m'attire
    la mer qui me noie

Des images sur le sable
Qu'une vague aussitôt efface

Les rochers à l'horizon me guettent
Il paraît qu'on s'y brise
    le cœur
    et le corps

Est-ce un hasard si c'est la mer qui a abrité l'éveil de tes sens ? La mer qui t'attire et te noie, la mer qui te blesse et te console.

Tu n'en as pas fini de revenir à la mer.

Qui sait si un bateau
>   ne m'a pas emportée
>   au-delà des embruns
>   au-delà des rochers salés

Qui sait si un vent
>   ne s'est pas levé
>   dans mes cheveux
>   dans ma bouche fermée

Et si un jour le ressac
>   n'enfantera pas
>   mon corps déjà lavé
>   mes dents si blanches autrefois

Ces vers se sont écrits sans que tu les contrôles.

Aujourd'hui, ils m'annoncent une renaissance, une vie nouvelle engendrée par le chaos, une possible résolution des contraires, au-delà de la raison.

De tous côtés se déroule le même infini. Un horizon morne qui bouche tout, qui colle aux paupières et voile le regard. C'est la Terre.

Et toujours le même pauvre soleil, qui tente de briller à travers tout ce bleu, opaque et pesant. C'est le ciel.

Et c'est la vie qui tourne, entre ciel et terre ; une vie c'est un cœur qui bat et c'est un regard qui se tourne. C'est une question.

Mais à vingt ans, on a encore le droit de chercher la réponse. Il faut vivre avant tout, briller plus fort que les étoiles et puis s'il le faut, fermer les yeux pour mieux contempler le monde.

C'est pour cela que certains matins en se levant, quand elle voit la lumière sur le monde, elle chante la vie qu'elle porte en elle. Une fille, c'est une promesse d'amour qui n'attend qu'un regard.

Ce n'est pas facile d'attendre un idéal sans le trahir. Qui sait ? Peut-être cela existe-t-il vraiment, le grand amour. Alors il faudrait faire taire sa sensualité et son désir d'homme tant que n'apparaitra pas le guerrier bleu. Car alors, il ne faudrait rien avoir à regretter. Pas de souvenirs, pas d'autre prénom pour tout embrouiller. Une vraie princesse de conte de fées, vivant dans une tour au milieu des bois.

Elle songe à tout cela, et ne peut s'empêcher de sourire en sentant la caresse de la brise et du soleil sur sa joue. Comme un geste tendre.

Non, elle n'a pas choisi de sacrifier sa jeunesse à un idéal chimérique. Elle vit son corps, et elle ne peut l'empêcher de vibrer. Et puis, que faire de toute cette tendresse qui par moments la submerge et l'inonde de ses vagues tièdes ? Pas moyen d'être sage. Elle est jeune et jolie, elle le sent et en jouit. Pas pour la vanité, mais pour le plaisir de se sentir bien dans sa peau.

Elle s'assoit sur son lit, dans la lumière de la fenêtre ouverte, et se mord les lèvres pour bien sentir qu'elle est en vie. Le sang y monte et les colore d'un rouge vif. Elle les mouille du bout de sa langue pour les rendre brillantes. Le baiser est prêt à être donné : il ne reste plus qu'à fermer les yeux.

Mais, se sentant dériver vers les eaux sucrées des rêves à quatre sous, elle se relève brusquement, fait glisser sa chemise de nuit, enfile en vitesse une robe et se précipite hors de sa chambre pour dévaler les escaliers qui mènent à la cuisine.

Tu te lances, tu essayes d'écrire ce qui pourrait être le début d'une nouvelle, le début du roman. Et puis, sévère et insatisfaite, tu abandonnes. Il ne me reste aujourd'hui que ce petit fragment émouvant, qui ne parle évidemment que de toi. Et c'est un joli cadeau que tu m'offres là.

Un tout petit point … une bulle.

                                            blanc
Les paysages changent : vert   bleu
                                         jaune

Moi
Mon moi
    Qu'est-il devenu ?
    à fond de cale
    ou dans le désert jaune
        j'ai marché
            sans penser
            sans rêver
            sans même aimer

Toi
Mon toi
    Tu es parti
    Sans bouger

Tu as fait le tour de ton coeur, le tour de la question.
Et la question est toujours là, lancinante, impérieuse:
qui suis-je ?

Un tout petit point, une bulle.

J'avais dû finir par m'assoupir. En effet, quand un de mes compagnons est venu me réveiller, en me parlant doucement à l'oreille, j'ai eu la sensation d'émerger d'un rêve perdu.

Le poids du sommeil pèse sur mes paupières, et engourdit mon corps tout entier. Je me sens si bien, coincée dans ma couchette, au creux de mon sac de couchage, que je préfèrerais presque cette volupté à ce qui signifie maintenant la vie : je veux dire la bonne marche du bateau.

Le vent a dû se lever, car la gîte du bateau, légère à la fin de mon quart, est à présent si forte qu'en me glissant hors de ma couchette, je manque de tomber sur celle d'en face. Les vagues tapent fort contre la coque : les vagues ou la houle, sans doute les deux à la fois.

La mer noire m'invite à continuer la lutte.

Le ciré, pantalon et veste, me tire violemment hors du monde du sommeil et de la tiédeur : l'humidité et le froid du dehors ne l'ont toujours pas quitté. Mes bottes souples sont restées à leur place, faciles à enfiler. Pour terminer l'épreuve, le gilet de sauvetage ficèle le paquet que je suis devenue, prête à affronter la pluie et la mer, mais incapable de la moindre souplesse, comme une momie de laine enveloppée dans du synthétique.

A travers l'encombrement de la cabine, je me guide vers le coin de ciel étoilé, seule issue à cette boite infernale secouée de plus en plus. A peine ai-je passé la tête au-dehors que le vent froid et le bruit de la mer achèvent de me réintégrer à ce monde qui est le mien depuis une semaine.

Le bateau tient un près serré : les voiles sont tendues, prêtes à rompre. Le barreur ne dit rien, serre les dents, et concentre son regard en fronçant les sourcils. Le navigateur, en me voyant arriver, se lève péniblement et descend dans la cabine examiner sa table à cartes. Je reste quelques instants seule avec le silence de la mer. Au loin, des bouées s'allument à intervalles réguliers, vertes, rouges, ou blanches, si lointaines qu'elles semblent inaccessibles. La seule chose qui existe dans la noirceur de la nuit, c'est ce bateau perdu, petit espace vivant entouré par des miles d'eau noire et glauque.

Et les étoiles du ciel, tellement silencieuses qu'elles se font oublier, revivent dans l'écume que la coque et le safran soulèvent.

Le mouvement de la mer, régulier et violent, le vent, le froid, les éclaboussures des vagues, tout cela est mon univers extérieur. Je me laisse bercer par cette rude possession, livrant mon visage et mes mains à la nuit, à la mer noire.

Tout au creux de moi, à l'abri du ciré, j'ai gardé la tiédeur du sommeil.

Tu n'avais pas oublié ton rêve de devenir romancière, mais tu ne t'estimais pas prête. Ce petit fragment t'a échappé, presque malgré toi, et je m'en contenterai : tout est là.

Un petit caillou dans la main.
Et dans le corps aussi.

Une nuit sans lune
Une mer sans embruns
Une pluie sans vent
Un visage sans paroles

Que restera-t-il demain ?

J'ai
Un petit caillou dans la main
Et dans le corps aussi

Ton petit caillou est le grain de sable sur lequel s'est formée une perle. Peut-on écrire sans souffrir ? Tes vers les plus beaux sont les plus déchirants.

Une bague toute neuve
Un anneau si fin
Si brillant si nouveau

Un serment à peine murmuré
Une vie à peine commencée

Que les vieilles tourmentes ont balayés

Me voilà moi
La jeune sacrifiée
Sur l'autel dans les flammes

Est-ce tes bras tes mains qui m'enserrent
Est-ce tes lèvres qui me cherchent

Pour me trouver m'emmener à toi

Cet amour capable de braver tous les serments, l'honneur et la morale, c'est une passion violente qui vous emporte, encore et toujours.

Mais tu l'as juré : cette fois-ci sera la dernière, c'est terminé, tu reprends le contrôle. Tu as reconnu la folie, tu l'as suffisamment côtoyée pour la fuir instinctivement.

Ils écrivaient leurs noms enlacés sur le sable mouillé.
C'étaient deux fous, deux enfants.
Un homme et une femme.

Le vent sifflait leur malédiction mais ils avaient tout oublié.
Le moment présent leur tissait des fils de soie dans les cheveux.

On entend encore leur silence sur les sommets des falaises.
Une vague aurait dû les emporter.

Ils se sont envolés dans deux grandes ailes.
Mais le mal est resté, collé aux rochers.
Et tout doucement il les mange.

Je crois que jamais je ne reviendrai, car j'ai juste marché quelques pas.
Et je tourne le dos ; et je serre très fort les yeux.
Pour ne pas voir le feu qui m'attend.
Qui est venu me chercher.

Que restera-t-il de tout cela ?
La blessure d'une passion interdite, impossible.
Une brulure inextinguible.

Un regard de trop
Et que m'est-il arrivé

Au milieu de la fête
Des anneaux et du vin
Au milieu de tous ceux-là

J'ai retenu ce regard
Au côté de moi depuis cent mille ans
Et tout neuf pourtant

Si j'avais pu
Je t'aurais gardé dans mes bras

Très fort…

C'est tout un monde à venir, ou peut-être seulement un mauvais rêve.

Brisée, perdue, étrangère à toi-même, tu vois enfin celui qui était déjà là, et tout est de nouveau possible. Mais, désormais, les rêves te font peur.

C'est vrai que j'ai tout à réapprendre
        l'attente
        la lente montée du désir
        l'art de bâtir du solide
Mais j'ai pris de trop mauvaises habitudes
        je ne sais plus attendre
        j'ai appris à ne rien espérer des lendemains
        j'ai appris à claquer le désir dans le moment
                              présent
J'ai appris la folie de la passion
Je n'ai jamais su aimer lentement et solidement

J'ai toujours agi par coups de tête
        je sais qu'ils ne m'ont menée à rien
        je m'y suis toujours fracassée
Pardonne-moi ou aide-moi
        j'aimerais aller trop vite
        pour vite vite oublier

Si tu me prenais maintenant
        mais tout de suite
        n'attends surtout pas
J'arriverais sans doute à tout oublier
        à arriver jusqu'à toi
J'aimerais que tu comprennes tout cela

      que ce n'est pas facile
      c'est vrai que j'ai besoin de quelqu'un
      et si c'est toi, ce n'est pas rien
      accepte-le je t'en prie
      tu es mon salut
      à ma folie
      triste
      folie

Tout oublier
      pour arriver jusqu'à toi
      m'y perdre
      m'y oublier
            tout oublier
            tout réinventer
Jusqu'au mot même
Amour

Tu as croisé son regard comme une naufragée, et tu y as lu la possibilité d'un apaisement, d'une réconciliation. Tu as cru voir une page blanche, une âme d'enfant pour apaiser tes tempêtes, et tu t'y accroches de toutes tes forces.

Malheur à moi !
Malheur à ma folie
      à notre douce folie !

Je n'y crois plus tu sais
J'ai même oublié
Mais j'ai encore mal comment t'expliquer
J'ai mal de toi

Mais vis loin de moi
Fuis-moi ne reparais jamais
Le mal est déjà assez grand comme ça

Mon malheur c'est de t'avoir trop aimé
D'avoir jeté des rochers dans un abime
Je n'avais pourtant pas choisi

D'habitude je suis gaie
      et la vie me sourit…

Tu te débats contre la fatalité, contre la passion qui te dévore encore. Tu luttes de toutes tes forces, tu n'apprécies la tragédie qu'en littérature, et tu es déterminée à éteindre cet incendie avant qu'il ne ravage toute ta vie.

Le combat est inégal. Je peux te le dire, il durera très longtemps, mais tu vaincra.
Aie confiance.

Mon désir me tord
Et je mange pour oublier
Ta bouche et tes baisers

Mon désir me mord
Et je me retourne sans dormir
Sous la caresse des draps

Mon désir me meurt
Et je sais que je crie dans le cercle
Dans le désert des visages aveugles sourient

Voici encore un poème que tu n'aurais jamais osé montrer. Je te demande pardon, je le trouve beau, et maintenant j'en suis fière.

J'ai dû rêver…

Le vin avait effacé le sol
Le sommeil avait effacé le ciel
Il ne restait qu'une tête folle
Et la tendresse

C'était un rêve
Deux pas dans l'éther et puis plus rien

Jamais je n'aurais cru
Que tant de tendresse
Pouvait se cacher dans l'amitié
Et la pureté

Et ce léger baiser
A peine envolé
A scellé notre secret
De complicité

Tu étais aussi saoul que moi…

La douce rudesse de ton pull-over

La tendre pression de tes bras refermés

Ont abreuvé mon désir

Je crois que les étoiles étaient dans nos têtes
Mêlées aux hallucinations de la boisson

Merci d'avoir été là
Merci d'avoir vécu le même rêve que moi

Toi mon double, mon homonyme

Ton désir d'amour et de tendresse ne peut rester inassouvi, et cette complicité amicale est un bien joli souvenir.

Que suis-je aujourd'hui ?
Plus équilibrée que jamais
Ou plus seule… ?

J'ai tout perdu
Ma passion
Mon désir de pureté
Et que reste-t-il
Sinon toujours de nouveaux rêves ?

Je suis l'amie de tous
Et mon travail m'endort
Je crois même avoir gagné le droit
De juger le bonheur des autres

Mais quel est mon trésor
A moi dans ma superbe
A moi dans ma tour enfermée ?

J'ai le bonheur d'être moi
Si je ne m'y perds… je viendrai à toi.

Il t'aura fallu tout ce chemin pour être toi, pour être moi.

Le ciel est descendu
et m'a prise par la main…

A présent je peux tout oublier
Les faux espoirs, les attentes mensongères
La tourmente

Voilà que sont montés les tréteaux
Et seuls au centre de la place
Les murs rendront l'éclat d'un rire
D'enfant

Quelle est cette sensation étrange…
Je t'attendrai même demain
Et ton sourire résonnera dans ma tête

Excuse mon passé
Je t'ai trop longtemps cherché

L'enfant riait dans le soleil
Seul sur les tréteaux de bois

Son éclat résonne encore
Sur les murs vides
Et dans le secret de mon regard

Même si parfois je doute
J'essaye de ne pas tricher
Ce que je voulais te dire

Je t'aime

Réapprendre à aimer, ce n'est pas facile, c'est comme recommencer à marcher après un grave accident. Tu avances doucement, et même si tu décourages parfois, tu sens que cette fois, c'est différent. Et voilà que tu oses enfin écrire ces mots si simples et si usés, qui jaillissent étonnamment pour la première fois.

Bâtir du solide prend plus de temps qu'allumer un feu de paille.

Écrire sublime pour se délivrer, ça peut marcher.

Aujourd'hui me voilà comblée. Et je n'ai plus besoin d'une plume pour m'exorciser. Je vis l'amour. Et tu es là qui m'écoutes.

Le bonheur paisible n'a rien de dévalorisé. Sa plénitude et sa continuité excusent les paroxysmes de la folie.
Je t'aime d'être là à côté de moi.
Pose ta tête sur mon ventre. Je me repose sur ton épaule.
Ensemble nous dormirons cent mille ans.

Tu as vite compris la force de cet amour-là, et l'écriture peut s'effacer. On dit que les gens heureux n'ont pas d'histoire, moi je sais que le bonheur paisible n'a pas besoin de mots.
Cette déclaration d'amour est la plus belle, il est temps qu'elle sorte des pages de ce carnet.

Quand tu t'en vas
Pourquoi tendre la main
Si tu souris
Pourquoi faire sonner mes pas

Le long d'un couloir
Long   Vide   Blanc
La longueur d'un couloir
Un pas   pas

Je t'ai peut-être
Un jour
Sans m'en rendre compte
Mais ne   plus

Je crois bien

Comment te le dire
Moi-même j'ai du mal

Pourquoi briser un verre de cristal
C'est si léger   fragile   cher

Pour ne pas m'endormir
Au creux du sommeil

Ferme doucement les yeux
Tu n'entends plus rien
Serre très fort les paupières
Tu n'entends déjà plus rien

Je suis partie comme un souffle de vent
Sans te retourner tu n'aimes pas pleurer

Mais dedans moi C'est plein de pleurs
Tu sais

Moi je ne sais plus
Quel crime j'ai fait
Combien durera mon sursis
Quand tombera le couperet

Oublie tout
Oublie

Quand tu crois être arrivé
C'est toujours le point de départ
Et quand tu reviens
Derrière toi le temps a changé

Pardonne
Au bonheur
D'être mort comme un enfant supplicié

Au fond de son berceau

Tu n'avais vois-tu pour me plaire
Que l'éclat du tonnerre
L'amour c'est un désir   jamais oublié
Le vivre c'est le tuer

Il faut que je m'en aille
Nous étions des enfants
Pourras-tu jamais l'oublier

Mais je ne saurai jamais te le dire
Alors mon masque
Derrière le rideau
Frappera les trois coups
Comme un seul écho
A ma voix

Et mes lèvres se souderont
sur mon sourire
Et tes yeux mourront
dans mon regard

Je crois que nous mourrons
Hallucinés
De tant d'éclat
Ahuris
De n'avoir pas bougé

Et le temps derrière nous
Sourira

C'est un rêve tu sais
Ça fonctionne encore
malgré les grincements

Et le fleuve
            intarissable
           du délire
Fabriquera de nouvelles images
Instantanés éternels
Au sourire de cristal
Sur un air de Briselle

Qui nous feront voguer
longtemps
dans de petits wagons multicolores

Où le rêve rattrape
Ceux qui se perdent au petit matin
Le long des claires lagunes

Mon amour
On n'arrêtera pas de nous inventer
De nouvelles histoires toujours

Et tu oublieras tout ce que je ne t'ai pas dit.

Derniers soubresauts de la folie, du délire de la passion. Mais – Dieu ! –, qu'elle était belle !

Son image te hantera encore longtemps. Tu te réveilleras encore souvent avec son prénom au bord des lèvres.
Le temps sera long, mais peu à peu le fantôme s'estompera, et il finira un jour par disparaitre, te libérant à jamais.

Qu'écrire quand les anges ne sont pas là ?
Juste dire que je voudrais
      un bateau pour nous emporter
      un feu pour nous y bruler
      une mer pour nous y déchirer
      un vin pour nous y oublier
      toujours…

Juste dire que je t'aime au point
  de réinventer les plus vieux mots
  pour te les donner

Ce nouvel amour seul a droit à ces mots-là, sans fracas, sans déchirure ; il se disent avec douceur et avec tendresse, lentement. Ce sont des mots qui savent aussi se taire, et le silence qui les suit est le plus beau du monde.

Vingt-et-un ans

Tout d'abord, tu n'étais qu'une douce caresse.

Et puis
Le temps a balancé
Entre les souvenirs et ton regard
Il a même rougi de mes errances
Jusqu'à te cacher

Tes mains tendues
M'ont retenue à ton côté
      ta peau si douce
          et puis ton amour si brulant
Maintenant ton regard m'a pénétrée

Le temps s'est arrêté
nous y vivrons l'éternité

Jamais plus écrire.
Que pourrai-je dire ?

Tu es mon amour, et nous nous perdons l'un dans l'autre. Je n'ai plus besoin que de toi.

Et je n'ai plus besoin que de le dire.

Ne sois pas triste.
Tu n'auras que peu de littérature. Mais tu as la vie.

Voici venir la fin de l'écriture. Ta vie de femme s'écrira désormais dans la chair, dans la réalité de chaque jour.

Cette déclaration, tu l'as gardée pour toi, sans doute par excès de pudeur. Permets-moi de la montrer maintenant, elle est surprenante, mais c'est la plus belle que je connaisse.

A ma mer

Le temps des horloges a tourné
Il a tourné jusqu'à en perdre la tête

    L'écume m'a éclaboussée
        et puis un rire a fusé dans ma tête
    La vague m'a prise
        et ne m'a jamais redéposée

    C'est le sel de la mer
        qui était trop salé
    C'est le vent de la mer
        qui l'a épouvanté
    Lui le sel de la terre
        qui voulait me garder

Le temps dans ma tête a crié
Il a crié les plus beaux mots d'amour

    Celui de la caresse du vent.
    Celui du soulèvement des embruns

Le temps en moi s'est retourné
Mon corps s'est rempli de mer

      et je suis redevenue mer
      un monde m'a pénétrée
      a vécu dedans moi
      s'est agité
      et s'est envolé

Si je me suis trop longtemps échouée
je ne t'oublie pas ma mère
je suis   ton goéland
      ton poisson
      ton coquillage
      ton catamaran
tout blanc de couleurs nacrées au fond des eaux
Si j'ai fait semblant de t'oublier
ne pleure pas ma mère
je reviendrai vers toi
      mon ciel d'algues
      ma fureur de gouttes d'eau
      ma maison

Si je reviens
    je me perdrai en toi
Jusqu'à la désespérance
    jusqu'à l'enfance

    où je rêvais de toi
    larve aquatique

du fond de ma mer doucement ballottée
par un rêve salé

Je crois que plus rien ne m'arrêtera

Ce long poème est un cadeau, un testament, un chant du cygne. Ta poésie de jeune femme va bientôt se taire, elle va laisser place à un autre langage.

Ta main a écrit ce que ta raison ne pouvait comprendre, et tu as touché les profondeurs, sans t'en rendre compte.

Plus rien ne t'arrêtera.

Vingt-deux ans

Agrégation

L'antre était sans fond, et moi j'allais à l'échafaud.

Après quatre années d'exploration, j'avais pourtant eu le temps de prendre des forces. Mais comment les utiliser ? Une bande de petits monstres m'attendait, et je ne savais pas par quel côté les attaquer.
Sans guide, je n'y serais jamais arrivée.

Je suis donc retournée à mes cahiers, et sous la poussière j'ai retrouvé la clef pour les faire s'envoler.

Alors j'ai poussé la porte.
J'ai évité de peu le seau d'eau qui m'était destiné : un réflexe, un bond en arrière, le seau est tombé.
Le combat avait commencé.
Mais dans l'antre, les petits monstres souriaient.

Alors nous avons parlé de l'eau, puisqu'ils l'avaient choisi. Ils m'ont raconté les flaques qui éclaboussent, les robinets qui sont des fontaines, les baignoires qui sont des océans.
Moi aussi j'aime l'eau. Alors, je leur ai aussi parlé. Et ils m'ont écoutée.

Et puis, nous avons parlé de la pluie grise, mais pour eux elle était devenue un jeu.

L'eau a coulé sur la ville. Le spectacle était fascinant.

Mais la prochaine fois, s'ils sortent une carabine, il faudra essayer de parler du feu.

Ce petit texte, tu l'as écrit pour compléter ton dossier d'agrégation. C'est un exercice de style, avant tout.

Tu as donc fini par accepter ce métier d'enseignante, malgré tes appréhensions. Et tu y mets déjà tout ton coeur, ton amour, ta patience.

C'est ce que je retiendrai de ces longues années d'enseignement.

Dans la mer
    les petits enfants
    sont des poissons

Des éclairs traversent les vagues

Mais y a-t-il un ciel au-dessus de tout cela ?
Les petits enfants ont des cris dans leurs rires.

Toi mon homme noir
Sauras-tu me donner des enfants blonds ?
Je me sens terre
    dans l'attente de toi
Je sens la mer en moi.

Mais les petits enfants meurent en voyant la lumière.

Es-tu si loin ?
Au bout d'un fil
Au bout d'un papier

L'absence est dangereuse
    je le sais maintenant
        j'ai traversé les rêves de larmes

L'absence
      ma compagne
      que j'ai choisie de nouveau
Elle ne doit pas m'arracher à toi

A présent que j'ai traversé les mers
      j'ai retrouvé les souvenirs
      et puis les larmes
      et puis l'oubli
Et te revoilà toi

Toujours à mes côtés, si tu le veux
Nous nous tiendrons la main.

Voici ton tout dernier poème, dû à l'éloignement, à l'absence qui rend plus évident encore l'amour partagé.

Le silence qui suivra s'emplira de rires d'enfants.